Anja Engelhardt
Materialien und Kopiervorlagen
zur Klassenlektüre

Gabriele Beyerlein

In die Steinzeit und zurück

Eine abenteuerliche Zeitreise

Hase und Igel®

Inhalt

© 2012 Hase und Igel Verlag GmbH,
Frei-Otto-Straße 18, 80797 München, service@hase-und-igel.de
www.hase-und-igel.de
Lektorat: Sonja Hopfenzitz
Satz: Claudia Trinks
Wissenschaftliche Beratung: Dr. Stefanie Kölbl, Urgeschichtliches Museum Blaubeuren
Illustrationen: Angela Holzmann, Wulf Hein (S. 17, S. 34, S. 40, S. 42)
Druck: Joh. Walch GmbH & Co. KG, Im Gries 6, 86179 Augsburg, kontakt@walchdruck.de

ISBN 978-3-86760-457-4
7. Auflage 2025

Das Buch

Plötzlich in der Steinzeit! Welches Kind würde nicht gerne einmal einen Tag in einer anderen Zeit verbringen und sehen, wie Menschen vor Jahrtausenden gelebt haben? Mit diesem Buch tauchen die jungen Leser in eine spannende Welt ein, die viele Abenteuer, aber auch einige Gefahren birgt …

Die Stiefgeschwister Timo und Leonie, die sich eigentlich nicht gut verstehen, finden in einer Höhle zufällig eine kleine Mammutfigur, die sie in die Steinzeit katapultiert. An eine Rückkehr in die Gegenwart ist ohne fremde Hilfe nicht zu denken. Auf der Suche nach Menschen sind sie aufeinander angewiesen und müssen sich gemeinsam den Herausforderungen der Natur stellen. Schließlich treffen sie auf die beiden Steinzeitkinder Urma und Firi. Die beiden nehmen sie mit zu ihrer Sippe. Noch ist nicht klar, ob diese ihnen wohlgesinnt ist, denn Timo und Leonie haben mit ihrem Mammutfund unwissentlich eine heilige Stätte der Steinzeitmenschen entweiht. Deshalb werden sie dafür verantwortlich gemacht, dass die Sippe kein Jagdglück mehr hat. Ein Schamane, der in einigen Tagen aufgesucht werden soll, wird über ihr Schicksal entscheiden. So lange stehen sie unter dem Schutz des Gastrechts. Timo gewinnt jedoch das Vertrauen der Jäger, als er ihnen zeigt, wie man eine Speerschleuder herstellt; das hat er in einem Steinzeitmuseum gelernt. Die Sippe kann dadurch ihre Jagdmöglichkeiten entscheidend verbessern. Das überzeugt auch den Schamanen und Timo und Leonie können schließlich mithilfe der Steinzeitmenschen in unsere Zeit zurückkehren.

Das Buch kann gut ab der 3. Klasse als Klassenlektüre eingesetzt werden. Es gewährt den Schülern Einblicke in die Jüngere Altsteinzeit und gibt ihnen zahlreiche Anregungen, über Ernährung, Zusammenleben, Umgang mit der Natur und religiöse Vorstellungen einer längst vergangenen Zeit nachzudenken. Die Kinder werden dafür sensibilisiert, dass das meiste, was für sie heute ganz selbstverständlich ist, damals noch gar nicht bekannt war. Sie lernen aber auch, dass in der Steinzeit trotz vieler Entbehrungen nicht alles schlechter war als heute.

Die Entwicklung, die Timo und Leonie im Verlauf der Geschichte durchmachen, zeigt den Schülern, wie gemeinsame Erlebnisse zusammenschweißen können. Die beiden sind aufeinander angewiesen und fassen allmählich Vertrauen zueinander. Ihre unterschiedlichen Charaktere bieten viele Identifikationsmöglichkeiten.

Das Material

Das Material greift die Spannung und die Faszination der Zeitreise auf und verknüpft sie auf vielfältige Weise mit zentralen Lehrplanthemen. Es gliedert sich in einen didaktischen Teil (bis S. 19) und einen Teil mit Kopiervorlagen (KV). Der Lehrerteil enthält Zusammenfassungen der einzelnen Kapitel, Gesprächs- und Schreibanlässe, Hinweise zu den Kopiervorlagen, Lösungen und weiterführende Unterrichtsideen. Der zweite Teil umfasst die Kopiervorlagen für die Hand der Schüler. Mit ihnen wird z. B. das Textverständnis überprüft oder zu kreativen Schreibaufgaben und zum Umgang mit Sachtexten angeregt. Die Kopiervorlagen können, weil sie voneinander unabhängig sind, zur Differenzierung und Individualisierung eingesetzt werden. Einige eignen sich auch für einen Steinzeittag (z. B. KV „Steinzeitschmuck selbst basteln", S. 34). Der handelnde Umgang mit der Vergangenheit macht den Kindern Spaß und sorgt dafür, dass sich zentrale Inhalte noch nachhaltiger einprägen.

Wenn im vorliegenden Band von Steinzeit die Rede ist, ist damit die Jüngere Altsteinzeit gemeint.

Jede Kopiervorlage ist mit einer Symbolleiste versehen, die auf einen Blick deutlich macht, welche Arbeitstechniken angewendet werden:

Viel Spaß beim Arbeiten mit dem Material wünscht Ihnen und Ihrer Klasse

Anja Engelhardt

Das Buch im Unterricht

Eine Zeitreise ist für Kinder eine faszinierende Sache, weil sie in eine ihnen unbekannte Zeit eintauchen können. Es bietet sich an, vor Beginn, im Verlauf oder am Ende der Lektüre ein Steinzeitmuseum zu besuchen, um diese Zeit für die Kinder noch lebendiger werden zu lassen. Eine Übersicht über geeignete Museen in Deutschland, der Schweiz und Österreich finden Sie unter *www.urmu.de*, *www.museum.de*, *www.museums.ch* und *www.museen-in-oesterreich.at*. Vor einem Museumsbesuch können sich die Schüler einige Fragen überlegen, auf die sie in der Ausstellung Antworten suchen oder die sie dem Führer gerne stellen würden (siehe KV „Was ist Archäologie?", S. 29).

Falls eine solche Exkursion nicht möglich sein sollte, können Sie entsprechendes Bildmaterial in Form von Dokumentationsfilmen, Lexika, nachgebildeten Werkzeugen oder Gebrauchsgegenständen in den Unterricht mitbringen.

Um die Schüler an das Thema „Steinzeit" heranzuführen, bietet es sich an, zunächst kurz auf die Entwicklung des Lebens auf der Erde einzugehen. Dabei geht es weniger um wissenschaftliche Genauigkeit, als vielmehr darum, den Kindern eine erste Vorstellung vom Alter der Erde und des Lebens darauf zu vermitteln.

Zeichnen Sie dafür das „Ur-Jahr" in Form eines Zahlenstrahls (oder in Form eines Jahreskreises) an die Tafel. Die 4,6 Milliarden Jahre Erdgeschichte werden in einem Jahr dargestellt. Teilen Sie den Zahlenstrahl in zwölf Monate auf und zeichnen Sie grob ein: Der Morgen des 1. Januar steht für die Entstehung der Erde. Mitte März regt sich das erste Leben in Form einfacher Zellen, etwa Anfang August gibt es dann erstes Leben im Meer. Gegen Ende November entstehen die ersten Wirbeltiere, Anfang Dezember die ersten Säugetiere. Es folgen Mitte Dezember die Dinosaurier, die am ersten Weihnachtsfeiertag – wahrscheinlich nach einer Katastrophe – wieder verschwinden. Erst am späten Silvesterabend entwickelt sich der moderne Mensch. Die 10 000 Jahre nach der letzten Eiszeit entsprechen der letzten Minute des Jahres. Die letzte halbe Sekunde dauert so lang wie ein Menschenleben von 70 Jahren.

Die Entwicklung des Menschen dauerte 4,5 bis 6 Millionen Jahre. Sie wird am Ende immer schneller. Vor mehr als 2,5 Millionen Jahren verwendete der Mensch Steinwerkzeuge. Vor etwa 5000 Jahren entdeckte er die Metallverarbeitung und heute arbeitet er mit digitalen Daten.

Warum „Steinzeit"?

In der Zeit, in der die Menschen alle schneidenden Werkzeuge aus Stein herstellten, nennt man Steinzeit. Sie verwendeten im Alltag natürlich auch Gegenstände aus anderen Materialien, wie z. B. Knochen, Holz und Geweih. Später entdeckten die Menschen Metalle, die sie zu nutzen lernten. Die Zeit, die auf die Steinzeit folgte, nennt man daher Bronzezeit und die anschließende Eisenzeit.

Die Hauptepochen der Steinzeit für Mitteleuropa:

650 000 – 200 000 Jahre vor heute:	Frühe und Ältere Altsteinzeit (Frühmensch Homo erectus; das älteste, in Deutschland gefundene Zeugnis eines Frühmenschen ist ca. 600 000 Jahre alt)
200 000 – 40 000 Jahre vor heute:	Mittlere Altsteinzeit (Neandertaler)
40 000 – 10 000 Jahre vor heute:	Jüngere Altsteinzeit (Jetztmensch Homo sapiens sapiens, anfangs auch noch Neandertaler; Eiszeit; Jagen und Sammeln)
10 000 – 7 500 Jahre vor heute:	Mittlere Steinzeit (Nacheiszeit; Jagen und Sammeln)
7 500 – 4 000 Jahre vor heute:	Jungsteinzeit (Nacheiszeit; der Mensch wird sesshaft; Pflanzen und Züchten)

Daran schließen sich die Metallzeiten an: die Bronze-, dann die Eisenzeit.

Im Roman landen die Kinder in der frühen Jüngeren Altsteinzeit, etwa zwischen 40 000 und 30 000 Jahre vor heute, dem sogenannten Aurignacien. Urma, Firi und ihre Gruppe gehören zu den modernen Menschen (Homo sapiens sapiens). Ihr Körperbau unterscheidet sich nicht von unserem. Anfangs lebten sie noch gleichzeitig mit ihren Vorgängern in Europa, den letzten Neandertalern. Die „neuen" Menschen kamen ursprünglich aus Afrika und waren im Lauf der Jahrtausende nach Mitteleuropa eingewandert. Sie fanden eine Umwelt vor, die stark von der letzten Eiszeit mit ihrem kalten und trockenen Klima geprägt war. Dank ihrer Intelligenz gelang es ihnen, mit den rauen Bedingungen zurechtzukommen.

Die Jüngere Altsteinzeit kann im Rahmen eines Begleitmaterials nicht erschöpfend dargestellt werden. Im Vordergrund dieses Bandes steht die vertiefende Auseinandersetzung mit der Lektüre.

Hinweise zur Kopiervorlage

KV Seite 20

Wer hat sich das ausgedacht?
Diese Kopiervorlage dient als Hinführung zur Lektüre. Anhand des Textes über die Autorin machen sich die Schüler bewusst, dass hinter jeder Geschichte ein Mensch steckt, der sie sich ausgedacht hat. Sie können weitere interessante Informationen zur Autorin auf deren Homepage *www.gabriele-beyerlein.de* nachlesen. So machen die Kinder Erfahrungen mit dem Computer und dem Internet und entdecken weitere Bücher der Autorin, die sie vielleicht zum Weiterlesen animieren.

1. bis 3. Kapitel:
Ein geheimnisvoller Fund

Inhalt

Timos Mutter muss geschäftlich nach Hongkong. Deshalb verbringt Timo in den Sommerferien einige Tage bei seinem Vater, der bei seiner neuen Lebensgefährtin Caro und deren Tochter Leonie in einem anderen Bundesland lebt. Die Erwachsenen sind bei der Arbeit, Leonie noch in der Schule. Timo ist allein zu Hause und langweilt sich. Er findet in Leonies Bücherregal ein Zeitreisebuch und beginnt darin zu lesen.

Als Leonie endlich von der Schule zurückkommt, gibt es sofort Streit, weil die beiden einander nicht leiden können. Leonie zieht sich zurück und bereitet für ihre Freunde eine Rallye im Freien vor. Timo folgt ihr heimlich. In einer nahegelegenen Höhle findet Leonie eine kleine Mammutfigur. Diese versetzt sie und Timo, ohne dass sie zunächst wissen, was mit ihnen geschieht, in die Jüngere Altsteinzeit.

Gesprächs- und Schreibanlässe

Timo langweilt sich in seinen Sommerferien, weil seine Eltern keine Zeit für ihn haben.
- Was tut Timo, um sich die Zeit zu vertreiben? Was würde er gern tun?

- Hast du dich schon einmal in den Ferien gelangweilt? Was hast du gegen die Langeweile unternommen?
- Erzähle von einem schönen Ferienerlebnis.

Statt sich über die Sommerferien zu freuen, ist Timo schlecht gelaunt, weil er die ersten Ferientage bei der neuen Familie seines Vaters in einem Ort verbringen muss, in dem er niemanden kennt. Zu allem Überfluss kann er seine Stiefschwester nicht leiden.
- Wer gehört zu deiner Familie?
- Wie verstehst du dich mit deinen Geschwistern?
- Hast du dich schon einmal einsam gefühlt?

Timo interessiert sich sehr für die Steinzeit und hat schon viel darüber gelesen.
- Was weißt du über die Steinzeit?
- Hast du ein Hobby, in dem du Experte bist?

Timo liebt Sachbücher. Zunächst macht er sich über Leonies Buchgeschmack lustig. Aber dann fasziniert ihn eine Geschichte …
- Welche Bücher liest du am liebsten? Wovon handeln sie?
- Hast du ein Lieblingsbuch? Erzähle davon.

Hinweise zu den Kopiervorlagen

KV Seite 21

Familienbande
Denken Sie mit den Schülern anhand der Beispiele über Familienmodelle nach. Die meisten dürften bereits verschiedene Familienkonstellationen kennen. Die Schüler können sich in Partnerarbeit über die dargestellten Familien austauschen. Sie können die Kopiervorlage aber auch für eine Gruppenarbeit einsetzen. Schreiben Sie dazu die Namen auf je ein Kärtchen und verteilen Sie sie an die Kinder. Falls mehr als 20 Kinder in Ihrer Klasse sind, können Sie noch weitere Familien bzw. Familienmitglieder ergänzen. Die zusammengehörigen Familienmitglieder müssen nun einander suchen. Dabei werden die unterschiedlichen Familienzusammensetzungen und -größen deutlich. Lassen Sie die Kinder Vermutungen über die Beziehungen innerhalb der Familie anstellen. Die einzelnen Familien stellen ihre Ergebnisse abschließend den anderen vor.

Lösung
Aufgabe 1:
Familie Ernst: klassische Ein-Kind-Familie mit Haustier
Familie Bauer: alleinerziehende Mutter mit Kind
Familie Geier: Ehepaar mit Adoptivkind

Das Buch im Unterricht

Familie Hofmann: Patchworkfamilie, bestehend aus einem Vater, der zwei Kinder von einer anderen Frau hat, und der neuen Freundin, die ein Kind von einem anderen Mann hat

Familie Werner: klassische Großfamilie, bestehend aus einem Elternpaar, drei Kindern und einem Großelternteil. Drei Generationen unter einem Dach

Aufgabe 2:
Timo lebt während der Schulzeit bei seiner Mutter. Er sieht seinen Vater nur an Wochenenden. Wenn sich seine Mutter in den Ferien nicht um ihn kümmern kann, wohnt er bei seinem Vater und dessen neuer Familie. Es ist eine Patchworkfamilie. Die Freundin von Timos Vater hat mit ihrem Ehemann, von dem sie getrennt lebt, eine Tochter.

Familie
von Timos Vater

Timos Vater

Caro
(Freundin von Timos Vater)

Leonie
(Tochter der Freundin von Timos Vater)

KV
Seite
22

Meine Familie
Gleich zu Beginn des Romans erfahren die Schüler etwas über Timos familiäre Situation. Das kann zum Anlass genommen werden, dass sie sich auch Gedanken über ihre eigene Familie machen. Die Ergebnisse können miteinander verglichen werden, um herauszuarbeiten, dass auch in Ihrer Klasse verschiedene Familienkonstellationen vorzufinden sind. Dabei sollte es nicht darum gehen, „bessere" von „schlechteren" Konstellationen zu unterscheiden. Verweisen Sie ggf. darauf, worauf es in einer Familie vor allem ankommt: Vertrauen, Nähe, Geborgenheit …

Wenn es im 16. Kapitel noch einmal um das Thema „Zusammenleben" aus Sicht der Steinzeitmenschen geht, können Sie auf diese Kopiervorlage zurückverweisen und herausarbeiten lassen, dass sich das Zusammenleben damals und heute – auch wenn die klassischen Familienstrukturen sich mehr und mehr auflösen – sehr unterscheidet.

KV
Seite
23

Mammut & Co.
In der Geschichte spielt die Mammutfigur eine zentrale Rolle. Und auch echte Mammuts und andere Tiere tauchen auf. Sie können die Kopiervorlage einsetzen, wenn das erste Mal von den Mammuts die Rede ist, oder später, wenn beschrieben wird, wovon sich die Menschen damals ernährten und welche Materialien ihnen zur Verfügung standen.

Um nicht den Eindruck entstehen zu lassen, die Steinzeitmenschen hätten vor allem Mammuts gejagt, zählt die

Kopiervorlage mehrere Beutetiere auf, die erst im Verlauf der Geschichte erwähnt werden. Vermutlich wurden ausgewachsene Mammuts gar nicht gejagt.

Nachdem die Schüler überlegt und ggf. recherchiert haben, wie die Tiere verwertet wurden, denken sie über den Grund dafür nach. Der Vollständigkeit halber können Sie erwähnen, dass Gehirn und Bauchspeicheldrüse als Gerbemittel verwendet wurden. Stellen Sie weiterführend die Frage, wie viele Dinge wir heute ungenutzt wegwerfen, und welche Probleme dadurch entstehen.

Lösung
Aufgabe 2:
Geweih, Hörner oder Stoßzähne:
Waffen, Werkzeuge oder Zeltbau
Zähne: Schmuck
Fleisch und Innereien: Verzehr
Fell: Kleidung, Decken und Kochtopf
Knochen: Waffen, Geräte, Musikinstrumente, Brennmaterial
Magen und Blase: Wasserbehälter
Sehnen und Darm: Schnüre

Aufgabe 3:
Die Steinzeitmenschen haben alles verwertet, weil sie es sich nicht leisten konnten, etwas ungenutzt wegzuwerfen. Nahrungsmittel und Rohstoffe waren knapp, das Jagen war gefährlich.

Weiterführende Anregungen
- Thema „Müll": Auch im Hinblick auf die KV „Was ist Archäologie?" (S. 29) können Sie folgende Fragen in den Blick nehmen: Welche Abfälle könnten Steinzeitmenschen hinterlassen haben? (Steinabschläge, zerbrochene Waffen und Werkzeuge, die nicht mehr zu reparieren waren.) Welche Materialien, die die Steinzeitmenschen verwendet haben, sind verrottet, welche nicht? (Verrottet sind u. a. Leder, Fell, Pflanzenfasern. Erhalten geblieben sind Gegenstände aus Stein.) Welche Materialien, die wir heute verwenden, verrotten, welche nicht? Wie viele Dinge, auch Lebensmittel, werfen wir heute ungenutzt weg?
- Die Schüler können für die Tiere, denen Timo und Leonie im Verlauf der Geschichte begegnen, Steckbriefe erstellen (siehe KV „Tiere in der Steinzeit", S. 28). Folgende Kategorien eignen sich dafür: Name des Tiers, Aussehen, Nahrung, Lebensraum, Feinde, Besonderheiten. Zeigen Sie den Kindern, wie sie in Lexika, im Internet oder bei einem Museumsbesuch wichtige Informationen finden können. Regen Sie an dieser Stelle das Anlegen von Karteikarten zu Flora und Fauna in der

Jüngeren Altsteinzeit an, die schrittweise ergänzt werden. Die Schüler können z. B. im Kunstunterricht die im Buch vorkommenden Tiere nach Vorlagen zeichnen. Dies ist eine gute Vorbereitung für die Steinzeitmalerei (siehe KV „Naturfarben herstellen", S. 40).

Weitere Unterrichtsvorschläge

- Kaum treffen Leonie und Timo am Beginn des 2. Kapitels aufeinander, gibt es Streit. Lassen Sie die Schüler den ersten Dialog so umformulieren, dass es nicht zum Streit kommt. Die Schüler können beide Fassungen auch als Rollenspiel darstellen und davon ausgehend über den Umgang mit Geschwistern, Freunden und Mitschülern nachdenken. Für die Dialoganalyse eignet sich später ebenfalls der Streit beim Feuermachen (S. 24 f.).
- Lassen Sie die Schüler den Anfang des 2. Kapitels aus der Perspektive Leonies schreiben. Dabei müssen sie sich in sie hineinversetzen und den Text ihrer Sicht anpassen. Ein Perspektivenwechsel eignet sich auch für die Begegnung mit Firi und Urma im 11. Kapitel (S. 47–51). Was könnten die beiden Steinzeitkinder dabei denken und empfinden?
- Weisen Sie darauf hin, dass die Autorin keine Kapitelüberschriften verwendet hat. Im Verlauf der Lektüre können die Schüler selbst Überschriften finden. Sie listen sie abschließend auf und können so den Inhalt leichter zusammenfassen.
- Mit dem folgenden Text können Sie die Klasse auf eine eigene Fantasiereise in die Steinzeit einladen. Lassen Sie die Kinder danach erzählen, was sie gesehen und empfunden haben. Im Kunstunterricht können sie ihre Eindrücke auch in einem Bild gestalten.

Fantasiereise

Heute machen wir eine Fantasiereise in die Steinzeit. Setze dich bequem auf deinen Stuhl. Lege deine Arme auf den Tisch und den Kopf darauf. Schließe die Augen. Atme tief ein und wieder aus. Unser Ausflug führt uns in die Vergangenheit. Wir reisen in eine Zeit, in der die Menschen noch in Zelten wohnten und vom Jagen und Sammeln lebten. Wir reisen in eine Zeit, in der es kälter war als heute. Wir machen eine Reise in die Steinzeit!

Wir sitzen um eine Feuerstelle. Es lodert ein kleines Feuer. Es wärmt uns und schenkt uns Behaglichkeit. Wir sind neugierig auf das, was wir in der Steinzeit noch erleben werden. Wir drehen uns um und entdecken den Eingang zu einer Höhle. Wir betreten sie vorsichtig. Durch den Eingang fällt das Sonnenlicht herein. An der Wand entdecken wir Höhlenmalereien. Sie zeigen Nashörner und andere Tiere. Man hat den Eindruck, dass sich jedes einzelne Bild bewegt. An einer Stelle liegen Werkzeuge und Waffen aus Stein und Holz auf dem Boden. Kannst du eines erkennen? Ich sehe einen Speer.

Als wir aus der Höhle treten, fühlen wir wieder die warmen Strahlen des Sonnenlichts auf der Haut. Alles ist so still, wir hören nur das leise Knacken der Holzscheite im Feuer. Wir spüren eine tiefe Ruhe.

Doch langsam müssen wir uns von der Steinzeit verabschieden. Wir atmen tief ein und aus. Wir haben in der Ruhe der Natur Kraft für die kommenden Aufgaben gesammelt. Du wirst langsam wieder wach und fühlst dich ausgeruht. Öffne jetzt die Augen.

---

4. bis 6. Kapitel:
Plötzlich in der Steinzeit

Inhalt

Timo und Leonie finden sich in einem finsteren Höhlenschacht wieder. Sie versuchen per Handy Hilfe zu holen, doch es funktioniert nicht. Schließlich finden sie einen Weg aus der Höhle. Wenig später sehen sie in der Ferne mehrere Mammuts. Da wird ihnen schlagartig klar, dass sie sich zwar am selben Ort, aber in einer anderen Zeit, nämlich in der Steinzeit, befinden. Sie entdecken Tiere, die längst ausgestorben sind, und trinken vollkommen reines Wasser, wie sie es aus der Gegenwart nicht kennen.

Die kalte Nacht müssen sie unter freiem Himmel verbringen. Timo findet keine Feuersteine, gibt aber Leonie die Schuld, dass ihm das Feuermachen nicht gelingt. Darüber geraten die beiden in Streit und trennen sich. Allein haben sie jedoch Angst, sodass sie bald wieder aufeinander zugehen. Sie richten gemeinsam ein Lager für die Nacht her und wärmen sich gegenseitig. Die Erfahrung einer derart finsteren und stillen Nacht ist neu für die Kinder. Es wird ihnen klar, dass die Mammutfigur sie in die Steinzeit versetzt hat und dass sie nur mit deren Zauber wieder zurückkommen. Deshalb wollen sie sie an ihren Fundort zurückbringen.

Gesprächs- und Schreibanlässe

Timo und Leonie sind durch einen Zauber in der Steinzeit gelandet.
- In welche Zeit würdest du reisen, wenn du könntest?
- Würdest du gerne in die Steinzeit reisen? Warum?
- Was würdest du aus der heutigen Zeit vermissen? Worauf könntest du verzichten?

Timo und Leonie sind zunächst fasziniert von der Ruhe, die die Natur in der Steinzeit ausstrahlt.
- Was fällt Timo in der Stille auf?
- An welchem Ort findest du es besonders ruhig und friedlich?
- Was würde dich an der Steinzeit faszinieren?

Timo und Leonie müssen die Nacht allein im Freien verbringen.
- Nach ihrem Streit versucht jeder, ohne den anderen auszukommen. Wie fühlen sie sich?
- Was nimmt Timo in der Nacht wahr?
- Hast du schon einmal im Freien übernachtet? Wie hast du dich dabei gefühlt?

Timos Versuche, Feuer zu machen, misslingen. Leonie verspottet ihn deswegen.
- Wie verhältst du dich, wenn dir etwas nicht gelingt?
- Wie verhältst du dich anderen gegenüber, wenn ihnen etwas nicht gelingt?
- Was würdest du Timo und Leonie raten, wie sie sich anders verhalten sollen?

Timo träumt davon, die Mammutfigur mit in die Gegenwart zu nehmen, um reich und berühmt zu werden.
- Was wünscht er sich am meisten?
- Hast du dir auch schon einmal gewünscht, reich und berühmt zu sein?

Hinweise zu den Kopiervorlagen

 Steinzeitlandschaft
KV Seite 24

Wenn die Schüler diese Kopiervorlage bearbeiten, können Sie ihnen auf einer Landkarte die Schwäbische Alb zeigen, damit sie sich besser vorstellen können, wo die Geschichte in etwa spielt.

Für Aufgabe 2 müssen die Kinder evtl. noch einmal genau im Buch auf Seite 18 nachlesen.

Aufgabe 3 fordert die Schüler auf, die angegebene Textstelle im Roman zu lesen und dann eine passende Landschaft zu malen. Durch den Einsatz von Naturmaterialien wirkt die Landschaft noch authentischer.

Lösung
Aufgabe 2:
Sträucher, Schutt und Geröll, Fluss

Weiterführende Anregung
LandArt ist eine Kunstrichtung, bei der mit Materialien der Natur (z. B. Blätter, Äste, Steine) vergängliche Kunstwerke in der Natur geschaffen werden. Lassen Sie die Schüler in Gruppen im Freien kleine Steinzeitlandschaften mit Naturmaterialien in diesem Kunststil gestalten. Der Umgang mit natürlichen Gestaltungsmitteln intensiviert die Naturbeobachtung und kann die Einstellung zur Umwelt positiv beeinflussen.

 Wasser – Überlebensstoff für alle
KV Seite 25

Im Roman wird angedeutet, dass das Wasser in der Steinzeit viel sauberer war als heute. Der Sachtext auf der Kopiervorlage bietet wichtige Informationen zum Thema „Wasser". Nach dessen Lektüre können Sie fragen, warum es sinnvoll ist, auch in Deutschland sorgsam mit dem Rohstoff Wasser umzugehen. Was können wir dadurch sparen? Erklären Sie, dass die Aufbereitung des Rohwassers zu Trinkwasser und der Transport im Netz viel Geld und Energie kosten.

Beispiellösung
Aufgabe 2:
Menschen brauchen Wasser, Wassernutzung in der Altsteinzeit, Unser Umgang mit Wasser, Ungleiche Verteilung des Wassers

Weiterführende Anregungen

- Gehen Sie im Sachunterricht auf den Wasserkreislauf ein oder erklären Sie den Bau einer Kläranlage.
- Die Schüler sammeln Redewendungen rund ums Wasser. Dabei können sie den Umgang mit einem Lexikon für Redewendungen üben. Sie können die Redewendungen auch zeichnen und ihren Partner raten lassen, um welche es sich handelt. (Passende Redewendungen sind z. B.: mir läuft das Wasser im Mund zusammen – ich bekomme Appetit; etwas fällt ins Wasser – es findet nicht statt.)

KV Seite 26
Trinkwassernutzung in Deutschland

Die Schüler berechnen anhand der vorgegebenen Durchschnittswerte den Trinkwasserverbrauch eines Deutschen in seinem Haushalt pro Tag (Quelle: bdew Bundesverband der Energie- und Wasserwirtschaft, Stand 2022, Angaben für das Jahr 2021).

Lösung

Aufgabe 1:
Die durchschnittliche Wassernutzung eines Deutschen liegt bei 127 Litern pro Tag.

= 127 l

Aufgabe 2:
Die Steinzeitmenschen verwendeten das Wasser zum Trinken, Kochen, Waschen und Baden. Sie badeten im See, Bach oder Fluss und reinigten ihre Kleidung und Gegenstände darin. Da sie Jäger und Sammler waren, also keine Pflanzen anbauten oder Tiere hielten, benötigten sie für die Herstellung ihrer Nahrungsmittel kein Wasser.

Aufgabe 3:
z. B. duschen statt Vollbad nehmen, bei der Toilettenspülung die Spartaste betätigen, Geschirr nicht unter laufendem Wasser abspülen

Weiterführende Anregung

Die Schüler gestalten ein Plakat, auf dem sie Unterschiede beim Umgang mit Wasser in der Altsteinzeit und in der Gegenwart aufzeigen. Dafür nutzen sie auch die Informationen der Kopiervorlage.

KV Seite 27
Feuer

Steigen Sie in das Thema „Feuer" ein, indem Sie die Kinder fragen, wie oder womit man heute Feuer macht und wozu man es braucht. Teilen Sie dann die Kopiervorlage aus. Die Schüler lesen zunächst den Text über die Geschichte des Feuers. Danach sehen sie sich die Bilder an und ordnen Textteile und Bilder einander zu.

Lösung

Aufgabe 2:

Bild 1: Die Menschen brauchten trockenes Brennmaterial …

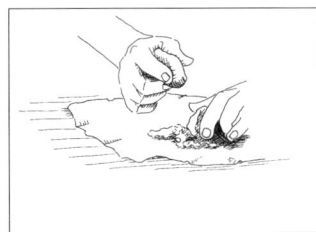

Bild 2: Sie nahmen einen Feuerstein und einen Pyrit …

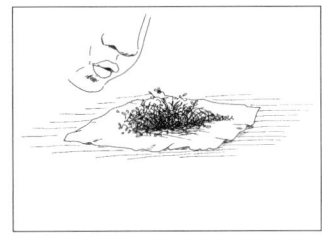

Bild 3: Den glühenden Zunder legten sie auf das vorbereitete Heubett und …

Weiterer Unterrichtsvorschlag

Viele Schüler leiden unter Reizüberflutung und sind kaum in der Lage, leise zu sein oder Bewegungen geräuschlos durchzuführen. Gerade in unserer unruhigen Zeit sind Stilleübungen als Ausgleich dazu wichtig. Einige Kinder halten diese anfangs nur schwer aus.

Um den Kindern die Stille der Steinzeit zu verdeutlichen, lohnt es sich, eine der folgenden Stilleübungen durchzuführen.

1. Die Stille hören
Wenn es ganz still ist, hört man nichts. Oder doch?
Die Kinder sitzen bequem im Kreis auf dem Boden oder im Stuhlkreis. Mit einem Gong oder einer Triangel werden Beginn und Ende der Stilleübung angezeigt. In der Zeit dazwischen sollen alle still sein und horchen, welche Geräusche von draußen (bei gekipptem Fenster) oder aus anderen Räumen zu ihnen dringen. Vielleicht hören sie einen Wasserhahn tropfen, eine tickende Uhr, das Gezwitscher der Vögel oder Autolärm aus der Ferne. Die Zeit der Stille sollte etwa zwei bis drei Minuten dauern. Anschließend berichten die Kinder, was sie gehört haben. Haben

alle das Gleiche gehört? Es kann darüber gesprochen werden, welche der gehörten Geräusche wohl auch in der Steinzeit zu hören waren. Welche Geräusche nimmt Timo in der Nacht unter freiem Himmel wahr?

2. Für diese Stilleübung benötigen Sie: ein Tuch, einen Stein für jedes Kind, Meditationsmusik.

Die Kinder bilden einen Sitzkreis. Breiten Sie in der Mitte das Tuch aus, auf das Sie verschiedene Steine legen. Spielen Sie die Musik ab und lassen Sie die Schüler währenddessen die Steine betrachten. Dabei sollen sie überlegen, welcher Stein zu ihnen passt.

Nach dem Ende der Musik wählt jedes Kind der Reihe nach leise einen Stein aus und nimmt ihn in die Hand. (Falls mehrere Kinder sich für denselben Stein entscheiden, wird eine Gruppe gebildet, in der der Stein weitergegeben wird.) Jeder betrachtet und betastet seinen Stein. Dann begeben sich alle Kinder an ihren Schreibtischplatz zurück und malen ihre Steine ab. Auch in dieser Phase können Sie wieder Musik einsetzen.

Anschließend legen die Kinder die Steine zurück auf das Tuch und platzieren dort auch ihre Bilder – möglichst nicht direkt neben den passenden Stein. Abwechselnd dürfen sie nun versuchen, die Steine den Bildern zuzuordnen. Während dieser ganzen Zeit soll möglichst nicht gesprochen werden.

7. bis 10. Kapitel:
Erste Erkundungen

Inhalt

Frierend erwacht Timo am nächsten Morgen. Trotz der friedlichen Morgenstimmung beunruhigt ihn ein Gedanke: Was soll er in der Steinzeit machen, wenn er sich ernsthaft verletzt?

Schließlich brechen Leonie und er auf, um den Weg zurück zur Höhle zu finden. Trotz der Veränderungen durch die Erosion im Lauf der Jahrtausende erkennt Leonie den Hexenstein, der ihr Ausgangspunkt gewesen ist. Durch einen Spalt sehen sie in die Höhle und erkennen auch die Nische, in die sie die Mammutfigur zurückstellen müssen. Unterhalb der Nische aber ist ein Abgrund. Die Höhle hat sich bis zur Gegenwart mit Steinen und Geröll gefüllt. Den beiden Kindern wird klar, dass es ohne Hilfe keinen Weg zurück nach Hause gibt. Als letzte Hoffnung bleibt ihnen, Menschen zu finden, die ihnen helfen, die Wände

der Höhle zu erklimmen. Sie machen sich also auf den Weg, sehen aber nur verschiedene Tiere.

Langsam bekommen die Kinder Hunger, wissen aber nicht, ob sie die Beeren, die sie finden, gefahrlos essen können. Entmutigt klettern sie auf einen Berg und halten Ausschau nach Rauch oder Zelten – ohne Erfolg. Plötzlich taucht ein Wollnashorn auf und Timo wird klar, dass das Leben in der Steinzeit voller Gefahren steckt. Er fragt sich, wie die Menschen damals überleben konnten. Erschöpft schlafen er und Leonie ein, bis sie von einem Gewitter geweckt werden. Sie suchen unter einer vorspringenden Felswand Schutz. Die finstere Nacht bricht herein und unheimliche Tierlaute sind zu hören. Zur Ablenkung fragt Timo nach Leonies Vater. Der arbeitet am Südpol, und es stellt sich heraus, dass Leonie von der neuen Familiensituation genauso wenig begeistert ist wie Timo.

Gesprächs- und Schreibanlässe

Abenteuer sind zwar spannend, können aber auch sehr anstrengend sein, wie Timo und Leonie erfahren.
- Würdest du trotz der Gefahren und der Entbehrungen in die Steinzeit reisen wollen? Warum (nicht)?
- Erzähle von einem Abenteuer, das du schon erlebt hast.

Timo und Leonie befinden sich in einer fast hoffnungslosen Situation. Sie brauchen unbedingt fremde Hilfe.
- Was könnten sie noch tun?
- Hat dir schon einmal jemand in einer schwierigen Situation geholfen? Erzähle davon.

Timo und Leonie sind unglücklich darüber, dass ihre Eltern sich getrennt haben, aber „Kinder fragt ja keiner".
- Kennst du das? Ist das bei dir zu Hause auch manchmal so? Wo würdest du gerne mitreden?

Hinweise zu den Kopiervorlagen

KV
Seite 28 **Tiere in der Steinzeit**
Die Schüler erstellen aus den Angaben zu den Tieren Steckbriefe. Sie können weitere für die im Roman erwähnten Pflanzen und Tiere der Steinzeit verfassen und im Klassenzimmer aufhängen.

Sprechen Sie das Aussterben von Tieren an. Überlegen Sie mit den Kindern, warum heute bestimmte Tierarten aussterben und warum sich andere Tierarten weiterentwickeln. Auch der Mensch musste sich den veränderten klimatischen Gegebenheiten anpassen, um zu überleben.

Lösung
Tier: Höhlenbär
Aussehen: Schulterhöhe von ca. 1,60 m (aufrecht stehend bis ca. 3 m)
Nahrung: Gras, Kräuter, Beeren und andere Früchte
Lebensraum: Europa, Mammutsteppe
Grund für Aussterben: Klimawandel

Tier: Wollnashorn
Aussehen: Schulterhöhe von 2 m, dichtes, braunes Fell
Nahrung: Gras
Lebensraum: Europa, Asien
Grund für Aussterben: Klimawandel

Tier: Säbelzahnkatze
Aussehen: Schulterhöhe von 70 bis 90 cm, bis zu 20 cm lange Reißzähne
Nahrung: große Pflanzenfresser
Lebensraum: Europa
Grund für Aussterben: verschwenderische Ernährung

 Was ist Archäologie?
Anhand des Interviewtextes erhalten die Schüler Informationen über die Archäologie. Machen Sie sie nach der Lektüre des Textes darauf aufmerksam, dass Archäologen heute über vieles nur spekulieren können, z. B. über bestimmte Materialien, die verrottet sind, über Rituale und Glaube.

Um den Kindern die Arbeitsweise von Archäologen anschaulich zu machen, bietet es sich hier besonders an, mit der Klasse ein Steinzeitmuseum zu besuchen. Viele bieten Führungen und Projekte zum Thema „Archäologie" an. Die Schüler können dem Museumsführer oder Wissenschaftler ihre in Aufgabe 2 formulierten Fragen stellen. Als Zusammenfassung des Ausflugs können die Schüler ein Plakat „Archäologen bei der Arbeit" anfertigen.

Weiterführende Anregungen
• Die Schüler informieren sich, ob bzw. wo man in ihrer Heimat bei archäologischen Grabungen Funde gemacht hat. Falls aktuell Grabungen vorgenommen werden, empfiehlt sich ein Besuch des Ausgrabungsortes mit der Klasse. Sprechen Sie mit den Grabungsleitern, lassen Sie sich die Arbeitsweise und die Werkzeuge der Archäologen erklären.
• Besprechen Sie mit den Schülern den Kreislauf von Werden und Vergehen. Verweisen Sie dabei zurück auf das Thema „Müll" (S. 6) und wiederholen Sie kurz die Ergebnisse der Aufgabe. Der Fokus liegt nun auf der Frage: Welche Funde können Archäologen in ein paar Hundert Jahren von uns machen?

• Als Hausaufgabe können Sie den Schülern folgenden Auftrag geben: Du machst beim Spielen eine steinzeitliche Entdeckung. Schreibe eine Erlebniserzählung.

 Erosion
Die Schüler werden anhand dieser Kopiervorlage an wissenschaftliches Experimentieren herangeführt und lernen die Vorgehensweise Vermutung – Durchführung – Ergebnis und Erklärung kennen. Die Kinder werden anfangs noch Probleme haben, zwischen Ergebnis und Erklärung zu unterscheiden. Achten Sie deshalb bei der gemeinsamen Besprechung am Ende auf eine genaue Trennung.

Lassen Sie die Schüler den Versuch in Gruppen durchführen. Am besten lesen sie zunächst die Beschreibung des Versuchs einmal ganz durch. Vor dem vierten Arbeitsschritt fragen Sie sie, was passieren wird, wenn sie das Wasser über die Erde gießen. Die Kinder stellen Vermutungen an. Dann führen sie den Auftrag aus und notieren ihre Beobachtung (Ergebnis). Abschließend beantworten sie die Aufgabe und erklären ihr Versuchsergebnis.

Von ihrer Beobachtung ausgehend, können die Kinder überlegen, warum im Roman die Höhle in der Gegenwart so weit mit Erde aufgeschüttet ist. (Erklärungen finden die Schüler, wenn sie im Buch noch einmal auf S. 33 nachlesen: Felsen sind z. B. durch den Frost abgebrochen, Schutt und Steine sind durch den Regen weggespült worden.)

Weisen Sie nach der Besprechung des Versuchs darauf hin, dass neben dem Wasser auch der Wind Erosion verursacht. Fragen Sie, wo der Mensch heute für Erosion verantwortlich ist und was man dagegen tun kann. (Durch das Abholzen von Wäldern kann z. B. der Wind ungehindert die lockere obere Erdschicht abtragen.)

Lösung
Versuchsergebnis: Der Waldboden gibt weniger Wasser in den Messbecher ab. In dem Sieb sammelt sich auch weniger Erde als im anderen.
Versuchserklärung: Waldboden speichert wie alle mit Pflanzen bewachsenen Böden Wasser viel besser und reinigt es auch. Der reine, durch nichts gefestigte Erdboden wird dagegen fortgeschwemmt. Die Erde verschmutzt das Wasser und wird im Messbechersieb (also im „Tal") abgelagert.

 Was wäre, wenn …
Mit diesem Arbeitsblatt üben die Schüler Wahrscheinlichkeiten abzuwägen und ihre Überlegungen zu begründen. Wichtig ist immer, dass sie ihre Vermutungen sinnvoll begründen können. Diese Aufgabe hilft in vielen Bereichen des schulischen Lebens, von der

Das Buch im Unterricht

Leseprobe bis hin zur Reflexion über einen Streit, und leistet einen Beitrag zum „Lernen lernen".

Beispiellösung

Aufgabe 1:

a) Vermutung: Er hätte große Schmerzen, wäre auf Leonies Hilfe angewiesen und würde vielleicht bald sterben.
   Begründung: Es gibt keine ärztliche Behandlung. Er könnte sich vor wilden Tieren nicht mehr schnell in Sicherheit bringen und würde ihnen bald zum Opfer fallen.

b) Vermutung: Das Wollnashorn hätte ihn verfolgt und niedergetrampelt.
   Begründung: Das Tier würde vermutlich aggressiv auf ihn regieren und ihn verfolgen.

c) Vermutung: Sie wären vom Blitz getroffen worden.
   Begründung: Bei Gewitter kann man im offenen Gelände leicht vom Blitz getroffen werden.

d) Vermutung: Leonie wäre krank geworden und hätte vielleicht sogar sterben müssen.
   Begründung: Es könnten giftige Beeren sein.

e) Vermutung: Die Kinder wären dagegen gewesen.
   Begründung: Leonie braucht noch Zeit, um die Trennung ihrer Eltern zu verarbeiten, Timo ist eifersüchtig, weil er seinen Vater jetzt nicht mehr für sich allein hat.

KV Seite 32

Blitz und Donner

Ausgehend von der Gewitterszene in der Lektüre (S. 43 f.) lernen die Schüler die Entfernung eines Gewitters zu berechnen und erhalten Tipps, wie sie sich bei Unwetter verhalten sollen.

Lösung

Aufgabe 2:

Das Gewitter ist also
333 m · 3 = 999 m entfernt.

Aufgabe 3:

Timo zählt bis sieben, das Gewitter zieht also ab, denn es ist jetzt 333 m · 7 = 2331 m entfernt.

Aufgabe 4:

Die Kinder verhalten sich richtig, denn sie meiden die Höhe und das offene Gelände. Zudem finden sie unter der Felswand mit dem Vorsprung Schutz.

Weiterführende Anregung

Im Sachunterricht können Sie das Lehrplanthema „Wetter" weiter vertiefen. Wie bilden sich Wolken, wie kommt es zum Niederschlag? Wie entsteht ein Gewitter?

---

11. bis 14. Kapitel:
Leben mit den Steinzeitmenschen

Inhalt

Endlich treffen Timo und Leonie auf Menschen: den Jungen Firi und das Mädchen Urma. Seltsamerweise versteht Leonie ihre Sprache, Timo jedoch nicht. Um ihr Vertrauen zu gewinnen, schenken Timo und Leonie ihnen ihre Uhren. Sie erhalten dafür etwas zu essen und zu trinken. Timo staunt, wie gut die Steinzeitkinder sich zu helfen wissen.

Urma und Firi lassen nicht locker mit ihren Fragen über die Herkunft von Timo und Leonie. Als Leonie ihnen die Mammutfigur zeigt, reagiert Firi empört, denn er erkennt in dem Mammut die Opfergabe aus der „Höhle der Tiere". Da aus seiner Sicht die beiden Kinder einen Frevel gegen die Tiergeister begangen und die Höhle der Tiere entweiht haben, zwingt er die beiden, mit ihnen zum Lager ihrer Gruppe zu gehen.

Dort erzählt Firi allen vom Frevel der Kinder. Eine alte Frau erklärt ihnen, dass ein Schamane die Figur unter Einsatz seines Lebens in die Höhle gebracht hat. Er hat damit für die Sippe die Einwilligung des Großen Mammuts erbeten, Tiere jagen zu dürfen, um am ewigen Kreislauf des Lebens teilhaben zu können. Mit der Entwendung aber haben die Kinder nun den Zorn der Tiergeister heraufbeschworen. Trotz allem sollen Timo und Leonie das Gastrecht genießen, bis der Schamane über den Fall entschieden hat. Bald darauf kommen ein paar Jäger mit wenig Beute zurück. Sie erfahren von der Entweihung der Höhle und geben Timo und Leonie die Schuld am fehlenden Jagdglück.

Gesprächs- und Schreibanlässe

Timo und Leonie erfahren, dass die Menschen in der Steinzeit verschiedene Geister oder übernatürliche Mächte um Hilfe baten: für die Jagd, für die Versorgung der Kinder usw. Aber auch Timo denkt an die Hilfe eines Schutzengels.

- Glaubst du an Schutzengel?
- In welchen Situationen bitten heute Menschen Gott um Hilfe?

Timo und Leonie gefällt es so gut in der Steinzeit, dass sie gerne dortbleiben würden.

- Könntest du dir vorstellen, längere Zeit in der Steinzeit zu leben?
- Was würde dir am Steinzeitleben besser gefallen als an der Gegenwart, was nicht so gut?

Während wir heute oft glauben, die Natur im Griff zu haben, war sie für die Steinzeitmenschen noch rätselhaft.

- Wie fühlt sich Timo in der Natur im Vergleich zur Großstadt?
- Wo fühlst du dich geborgen: in der Natur oder in der Stadt? Warum?
- Wie gehen viele Menschen heute mit Tieren und Pflanzen um?

„Mich wundert nur, dass die anderen sich so wenig für die Zukunft interessieren", sagt Timo.

- Was würdest du fragen, wenn du Besuch aus der Zukunft bekämst?

Timo sagt, dass Gastfreundschaft in der Steinzeit etwas Unangreifbares zu sein scheint.

- Wie werden Timo und Leonie von ihren Gastgebern behandelt?
- Warst du schon einmal bei Fremden zu Gast? Wie hast du dich verhalten? Wie wurdest du behandelt?
- Wie verhältst du dich, wenn du Freunde zu Gast hast?

Timo stellt fest, dass er seine Wii-Konsole oder das Fernsehen gar nicht vermisst.

- Warum empfindet Timo keine Langeweile in der Steinzeit? Womit beschäftigt er sich? Warum macht ihn das glücklich?
- Hast du schon einmal einen Tag ohne Fernsehen, Computerspiele oder Handy verbracht? Was hast du stattdessen gemacht? Wie hast du dich dabei gefühlt?

Hinweise zu den Kopiervorlagen

Kleidung in der Steinzeit

Anhand dieser Kopiervorlage werden das Textverständnis und das genaue Lesen geprüft. Die Schüler versuchen, Urma und Firi aus der Erinnerung zu zeichnen. Achten Sie darauf, dass alle die Bücher nach dem Lesen der Textpassage schließen, damit sie nicht einfach nur die Illustration abmalen.

Darüber hinaus machen sich die Kinder die Kleidung und Stoffe der Steinzeit bewusst: Alles war vollständig aus Naturmaterialien gefertigt, die die Menschen mit ihren Werkzeugen bearbeiten konnten. Abschließend können die Kinder ihre Zeichnungen ausschneiden und sie auf die KV „Steinzeitlandschaft" (S. 24) kleben.

Lösung
Aufgabe 2:
Knochen, Elfenbein, Fell, Tiersehnen, Leder, Tierzähne

Weiterführende Anregung

Mit den Bildern von Urma und Firi können die Schüler einen Steckbrief für die beiden Kinder erstellen. Im weiteren Verlauf der Lektüre notieren sie zusätzlich, was sie über die Steinzeitkinder erfahren. Wie verhält sich Urma, wie Firi den Neuzeitkindern gegenüber? Die gesammelten Informationen können für eine Personenbeschreibung genutzt werden. Auch für Leonie und Timo bietet es sich an, Steckbriefe anzulegen, auf denen alle wesentlichen Informationen aus dem Text gesammelt werden können.

Steinzeitschmuck selbst basteln

Die Kopiervorlage kann zur Auflockerung der Lektürearbeit, evtl. im Kunstunterricht, eingesetzt werden. Der Fantasie der Kinder sind beim Basteln keine Grenzen gesetzt. Bilden Sie am besten Gruppen. Jede bearbeitet ein anderes Material.

Gehen Sie kurz darauf ein, dass das Bedürfnis der Menschen, sich zu schmücken, schon sehr alt ist. Der Jetztmensch hat seinen Schmuck nicht nur um den Hals getragen, sondern auch auf seine Kleidung genäht. Das konnten

Das Buch im Unterricht

Elemente aus Muscheln, Schneckenhäusern, Knochen oder Mammutelfenbein sein.

Wohnen in der Steinzeit

Der Text bietet Sachinformationen zum Leben und Wohnen der Menschen in der Steinzeit. Anhand der Aufgabe 2 denken die Schüler über die Konsequenzen nach, die das Sesshaftwerden der Menschen nach sich zog.

Beispiellösung

Aufgabe 2:
Die Menschen bauten ihre Lebensmittel an und züchteten Tiere. Sie mussten ihrer Nahrung nicht mehr „hinterherziehen". Daher lebten sie nicht mehr in einfachen Zelten, sondern bauten sich Häuser.

Rund ums Essen

Diese Kopiervorlage können Sie einsetzen, wenn im 12. Kapitel das erste Mal beschrieben wird, wie Urma und Firi mit heißen Steinen Wasser zum Kochen bringen. Fragen Sie die Schüler zum Einstieg, wie lange es dauert, einen Liter Wasser in einem Wasserkocher zum Kochen zu bringen und wie viele Handgriffe sie dafür benötigen.

Erarbeiten Sie mit den Schülern, dass die Steinzeitmenschen ganz ohne Strom ausgekommen sind. Sie gingen sehr erfindungsreich mit den Mitteln um, die ihnen zur Verfügung standen.

Die Menschen in der Jüngeren Altsteinzeit waren Jäger und Sammler. Sie lebten unter anderem von Beeren, Pilzen, Eiern, Kräutern, Fisch und dem Fleisch von Tieren. Sie kochten ihre Speisen in Fellkochtöpfen. Erst ab der Jungsteinzeit verwendeten die Menschen Tontöpfe und produzierten als Bauern oder Viehzüchter ihre Nahrung selbst.

Lösung

Aufgabe 1:
Kühlschrank, Fleischwurst, Fertigpizza, Käse, Schokoriegel, Kekse, Mikrowelle, Schnitzel mit Ketchup, Elektro- oder Gasofen, Schokoladenpudding

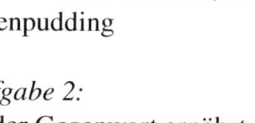

Aufgabe 2:
In der Gegenwart ernährt sich Timo bei seinem Vater von dem, was er im Kühlschrank findet. Caro kocht, anders als seine Mutter, nichts vor. Die Lebensmittel stehen alle bereit zum Verzehr. Timo isst schnell und achtlos.

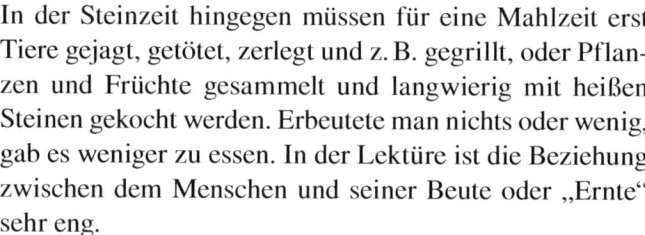

In der Steinzeit hingegen müssen für eine Mahlzeit erst Tiere gejagt, getötet, zerlegt und z. B. gegrillt, oder Pflanzen und Früchte gesammelt und langwierig mit heißen Steinen gekocht werden. Erbeutete man nichts oder wenig, gab es weniger zu essen. In der Lektüre ist die Beziehung zwischen dem Menschen und seiner Beute oder „Ernte" sehr eng.

Unterschiede: Die Nahrungsbeschaffung war damals sehr viel aufwendiger und anstrengender als heute, ebenso die Zubereitung. Das Essen hatte in der Steinzeit einen wichtigeren Stellenwert. Man ging sehr achtsam mit den Lebensmitteln um. Es wurde für die Gruppe gesammelt, gejagt und gekocht. Man aß vermutlich auch gemeinsam.

Weiterführende Anregungen

- Fragen Sie die Schüler nach ihren Essgewohnheiten. Gibt es feste Essenszeiten? Wird gekocht? Nehmen sie Mahlzeiten zusammen mit der Familie ein? Wo essen sie – an einem Esstisch oder vor dem Fernseher? …
- „Aber ehrlich gesagt ist es mir lieber, ich habe nur ein Schnitzel oder eine Wurst auf dem Teller und muss meinem Essen nicht vorher ins Gesicht sehen und zuschauen, wie es gehäutet und zerlegt wird." (S. 73 f.) Von Timos Aussage ausgehend, können Sie mit den Schülern darüber sprechen, woher unsere Nahrungsmittel kommen und wie sie produziert werden.
- Caro bringt am Ende des Romans Fertigpizza mit. Die Schüler überlegen, warum heutzutage viele Menschen Fertigprodukte essen. Sprechen Sie mit ihnen über gesunde und ausgewogene Ernährung.

Was ist ein Schamane?

Diese Kopiervorlage greift die Gedanken der Lektüre zu den religiösen Vorstellungen der damaligen Menschen auf. Leiten Sie die Beschäftigung mit dem Arbeitsblatt mit Timos Aussage zum Schamanen ein, ohne dass Sie dabei Timos konkrete Vorstellung nennen: „Ich hatte mir den Schamanen … vorgestellt." (S. 95) Fragen Sie die Kinder, wie sie sich ihn vorgestellt haben. Sie können ihre Ideen malen.

Im Sinne der Umwelterziehung lohnt es sich, den respektvollen Umgang der Steinzeitmenschen mit der Natur und den Mitgeschöpfen mit unserem heutigen Umgang zu vergleichen. Arbeiten Sie heraus, dass die Steinzeitmenschen uns in mancher Hinsicht möglicherweise sehr ähnlich gewesen sind. Was können wir von ihnen lernen?

Lösung

Die Menschen der Steinzeit lebten in einer Welt, die voller <u>Gefahren</u> war. Um sich zu schützen, mussten sie die <u>Natur</u> sehr genau beobachten. Sie mussten über ihre Umgebung, über Pflanzen, Tiere und Gesteine gut Bescheid wissen, auch über den Kreislauf der Natur und das Wirken der <u>Naturgewalten</u>. Sie fühlten sich als <u>Teil</u> der Natur, nicht als <u>Herrscher</u> über sie. Ihr Umgang mit der Natur war geprägt von <u>Demut</u> und <u>Respekt</u>. Man vermutet, dass sie die Tiere verehrten und ihre Geister beschworen, weil sie glaubten, dass in der Natur alle Lebewesen eng miteinander verbunden sind. Der Schamane war der <u>Vermittler</u> zwischen der sichtbaren Welt der Menschen und der unsichtbaren Welt der Geister. Wenn das <u>Gleichgewicht</u> zwischen diesen Bereichen gestört wurde, äußerte sich das nach dem Glauben der Menschen in Form von Unheil. Dies konnte <u>fehlendes Jagdglück</u> oder eine <u>Krankheit</u> sein. Der Schamane hatte dann die Aufgabe, den Ursprung für diese Entwicklungen zu ergründen. Er versuchte Verbindung mit den Geistern aufzunehmen, indem er tanzte, auf eine Handtrommel schlug und sich so in einen <u>anderen Bewusstseinszustand</u> versetzte. Er rief sie um Rat, Hilfe und Schutz an und bat auch um die Kraft, Krankheiten heilen oder in die Zukunft sehen zu können.

Weiterführende Anregung

Nach Bearbeitung des Lückentextes können Sie die Schüler den Inhalt kurz in eigenen Worten zusammenfassen lassen. Welche Aufgaben hatte ein Schamane in der Steinzeit vermutlich?

KV Seite 38

Wie lebten Kinder in der Steinzeit?

Anhand der Fragen auf der Kopiervorlage wird zunächst überprüft, ob die Schüler aufmerksam gelesen haben. Anschließend wird das Leben der Kinder damals mit dem der Kinder heute verglichen. Die letzte Aufgabe widmet sich der Spracharbeit.

Beispiellösung

Aufgabe 1:
1. In einem Zelt auf einem dicken Fell.
2. Essbare Kräuter, Heilpflanzen, Beeren sammeln, Waffen herstellen, kochen, nähen, Feuer machen.
3. Tee, Wasser, Beeren, Fleisch.
4. Aus Leder und Fell.
5. Am Lagerfeuer und auf sonnenbeschienenen Schotterflächen.
6. Fische mit den Händen fangen, Spurenlesen, Feuermachen.

7. Von den Erwachsenen.
8. In Zelten an wechselnden Lagerplätzen.
9. In einer Gruppe.

Aufgabe 2:
1. Ich schlafe in einem Bett in einem eigenen Zimmer.
2. Ich gehe zur Schule, helfe im Haushalt.
3. Ich esse z. B. Brot, Wurst, Käse, Nudeln und trinke z. B. Wasser, Säfte.
4. Ich trage Kleidungsstücke aus Baumwolle oder Kunstfasern.
5. Ich lebe in einer Wohnung, die mit Erdöl beheizt wird.
6. Ich lerne rechnen, lesen, schreiben.
7. Ich lebe in einem Haus.
8. Ich lebe mit meinen Eltern und Großeltern in einem Haus.
9. Ich lerne die wichtigsten Dinge in der Schule und zu Hause von meinen Eltern und Geschwistern.

Aufgabe 3:
Ein Haus ist ein Ort, an dem Menschen wohnen. Es ist meist aus Stein gebaut und enthält verschiedene Räume, in denen z. B. gekocht, geschlafen und gebadet wird.
Ein Buch enthält Zeichen, die anderen Menschen etwas mitteilen oder erzählen.
Ein Fernseher ist ein Gerät, das den Menschen bewegte Bilder zeigt. Solche Bilder, die auch sprechen, können alle Arten von Geschichten erzählen.
Eine Schule ist ein Ort, an dem Erwachsene Kindern viele Dinge beibringen, die sie für ihr Leben brauchen.

Weiterführende Anregungen

• Seine Zelte abbrechen: Die Schüler suchen Informationen zum Leben von Nomadenvölkern. Sie sehen sich auf einem Globus die Gegenden an, durch die heute noch Nomaden ziehen. Warum bleiben sie nicht an einem Ort? Können sich die Kinder ein Leben ohne festen Wohnsitz vorstellen? Was würden die Kinder mitnehmen und worauf würden sie verzichten, wenn sie nur wenig im Gepäck haben dürften?
• Lassen Sie die Schüler eine Erlebniserzählung mit dem Titel „Mein Tag in der Steinzeit" schreiben. Alternativ: Schreibe eine Geschichte mit dem Titel „Ein ganz normaler Tag im Leben eines Steinzeitkindes".

Das Buch im Unterricht

15. bis 17. Kapitel: Eine wichtige Erfindung

Inhalt

Timo und Leonie genießen das Gastrecht der Steinzeitmenschen, merken aber, dass sie ihnen die Schuld an dem ausbleibenden Jagdglück geben. Timo hält ihren Glauben an Tiergeister für Unsinn.

Die Kinder lernen das Leben in der Sippe kennen. Es wundert sie, dass keine Aufteilung in einzelne Familien erkennbar ist. Sie erfahren außerdem etwas über den respektvollen Umgang der Steinzeitmenschen mit der Natur. Später bereiten sich die Jäger und Jägerinnen auf eine gefährliche Wisentjagd vor. Sie bemalen sich und stimmen beschwörende Gesänge an.

Firi zieht sich bei der Jagd eine Schürfwunde zu, die mit Kräutern gut behandelt werden kann. Die erfolglose Jagd scheint den Glauben der Gastgeber zu bestätigen. Da erinnert sich Timo an die Speerschleuder, die er beim Ferienprogramm eines Museums selbst hergestellt hat und die einen Jagderfolg aus größerer Entfernung ermöglicht. Er zeigt den Männern der Gruppe, wie man sie baut.

Gesprächs- und Schreibanlässe

Forscher gehen davon aus, dass die Menschen in der Steinzeit an übernatürliche Mächte geglaubt haben.
- Wie kommen Forscher auf solche Vermutungen?
- Woran glauben Menschen heute?

Die Menschen der Steinzeit lebten in sehr engem Bezug zur Natur. Sie waren in allen Lebensbereichen viel unmittelbarer auf sie angewiesen als wir. Heute fühlen sich viele Menschen als Herren über die Natur.
- Wie sollten wir mit der Natur umgehen?
- Warum und wovor müssen wir heute die Natur schützen? Weißt du, was ein Natur- oder Tierschutzbund tut?
- Wo ist der Mensch noch heute abhängig von der Natur?

Timo denkt über das Vergehen der Zeit nach und darüber, wie die Steinzeitmenschen mit der Zeit umgehen.
- Die Zeit vergeht immer gleich schnell. Aber sie scheint manchmal langsamer und manchmal schneller zu vergehen. Erzähle von einem Erlebnis, bei dem die Zeit nicht zu vergehen schien oder, im Gegenteil, sehr schnell vergangen ist.

- Warum haben heute viele Menschen das Gefühl, immer zu wenig Zeit zu haben?

Hinweise zu den Kopiervorlagen

 KV Seite 39 **Das Zusammenleben**

Die Schüler denken über Formen des Zusammenlebens nach. Der Text stellt Überlegungen zu den Familienverhältnissen, wie sie Timo und Leonie in der Steinzeit kennenlernen, an. Die Geschichte erzählt nur eine Möglichkeit. Genaues weiß man nicht.

Die Aufgabe 3 regt zum Nachdenken über das Leben in einer Großfamilie heute an. Die Schüler suchen nach Gründen dafür, dass sich die Großfamilie zur Kleinfamilie entwickelt hat (Scheidung, Mobilität, Umzug, Arbeitsbedingungen usw.). Hier können Sie an die KV „Familienbande" (S. 21) anknüpfen. Anhand der letzten Aufgabe denken die Kinder über ihre eigenen Familien- bzw. Verwandtschaftsverhältnisse nach. Weisen Sie darauf hin, dass heute oft Freunde aus dem nahen Umfeld die Aufgabe von Familienangehörigen übernehmen, die häufig weiter entfernt wohnen. Gleich geblieben ist, dass es auch heutzutage schwierige Situationen gibt, in denen gegenseitige Hilfe wichtig ist.

Beispiellösung
Aufgabe 2:
Die Steinzeitmenschen lebten in Gruppen zusammen, weil man sich gegenseitig helfen, versorgen und gemeinsam jagen konnte. Denn die Lebensbedingungen waren rau.

Aufgabe 3:
Vorteile einer Großfamilie heute können sein: gegenseitige Hilfe und Betreuung, die Älteren geben Wissen und Traditionen an die jüngeren Generationen weiter

 KV Seite 40 **Naturfarben herstellen**

Die Kopiervorlage können Sie einsetzen, wenn im 16. Kapitel von der Körperbemalung für die Wisentjagd oder im 21. Kapitel von der Höhlenmalerei die Rede ist. Die Naturfarben können Sie im Kunst- oder im Sachunterricht mit den Schülern herstellen. Weisen Sie die Kinder darauf hin, dass die Steinzeitmenschen Tierblut und Ei als Klebemittel verwendet haben. Die Schüler verwenden aus hygienischen Gründen Milch.

Weiterführende Anregung

Man erhält eine reichhaltigere Farbpalette, wenn jedes Kind Erde, z. B. aus dem eigenen Garten, mitbringt. Die getrockneten und gesiebten Erden können auf verschiedene Gläser verteilt werden. Zu jedem Glas kann eine Farbprobe auf Papier aufgetragen werden.

KV Seite 41 — Die Wisentjagd

Die Kinder erhalten einige Sachinformationen über den Wisent und erstellen einen Steckbrief nach dem bekannten Muster (siehe KV „Tiere in der Steinzeit", S. 28).

Lösung

Aufgabe 2:
Tier: Wisent, Landsäugetier
Aussehen: bis 2 m lang, bis 1,50 m hoch, bis 500 kg schwer; Hörner; dickes, zotteliges, dunkelbraunes Fell; wuchtig
Nahrung: Pflanzen
Lebensraum: Europa
Feinde: u. a. Höhlenlöwe, Wolf

Weiterführende Anregung

Timo weiß nicht, wie die Menschen früher ohne Arzt überleben konnten. Er kennt nur den heutigen Umgang mit Verletzungen. Im weiteren Verlauf der Geschichte erlebt er, wie die Menschen die Kräuter um ihre Heilkraft bitten. Er ist skeptisch. Doch er stellt fest, dass Firis Wunde auch ohne Arzt und Salbe gut verheilt. Sprechen Sie mit den Schülern darüber, dass uns heute das Wissen um Zusammenhänge von Mensch und Natur in vielen Bereichen verloren gegangen ist. Die Schüler können ihre Großeltern befragen, welche Hausmittel sie gegen einfache Verletzungen oder Erkrankungen noch kennen. Mit den gesammelten Informationen gestalten sie ein Infoplakat.

KV Seite 42 — Eine wichtige Erfindung

Anhand dieses Informationstextes erfahren die Schüler, dass die Menschen in der Steinzeit nicht primitiv waren, sondern sich aufgrund ihrer Intelligenz der Umwelt anpassen konnten. Aus der Beobachtung der Natur entwickelten sie beständig neue Werkzeuge, Gegenstände und Waffen, die ihnen das alltägliche Überleben erleichterten. Die Entwicklung der Speerschleuder dauerte in Wirklichkeit natürlich viel länger als in der Geschichte.

Lösung

Aufgabe 2:
Die Speerschleuder ermöglichte es, aus größerer Entfernung Tiere tödlich zu treffen. Das war wichtig, weil es nur wenige Möglichkeiten gab, um in Deckung zu gehen.

Weiterführende Anregung

Lesen Sie weiter im 18. Kapitel. Unterbrechen Sie die Lektüre an der Stelle: „Keiner sagt einen Ton." (S. 90) Lassen Sie die Schüler einen möglichen Fortgang der Geschichte schreiben. Als Tipp können Sie diese Fragen stellen: Was geschieht nach dem ersten Schweigen? Was sagt Rössokaroso? Wie fühlt sich Timo? Lesen Sie anschließend die Geschichten vor. Erst danach sollte mit der Originalgeschichte verglichen werden.

18. bis 24. Kapitel: Rückkehr in die Gegenwart

Inhalt

Die Jäger unterstützen Timo, obwohl sie skeptisch sind, beim Bau der Speerschleuder. Als er ihnen das fertige Produkt vorführt, sind sie begeistert, denn es verbessert ihre Jagdtechnik enorm. So halten sie das Kommen der beiden Fremden nicht mehr für ein Unheil, sondern für großes Glück. Sie wollen dem Schamanen davon berichten und trotz der Entwendung des kleinen Mammuts für die Kinder eintreten.

Die Gruppe macht sich auf den Weg zum Schamanen. Rössokaroso führt die neue Waffe vor. Der Schamane glaubt den Kindern, dass sie durch die Zeit gereist sind.

Am Abend tanzt der Schamane sich in Trance, um die Tiergeister befragen zu können, ob sie ihnen noch zürnen. Er verkündet danach, dass die beiden fremden Kinder ihnen mit der Waffe das Heil gebracht haben. Die Opfergabe soll in die Höhle der Tiere zurückgebracht werden.

Rössokaroso und der Schamane begleiten Timo und Leonie in die Höhle und ermöglichen es ihnen, in die Gegenwart zurückzukehren.

Die Eltern glauben den Kindern kein Wort. Sie haben ihre Abwesenheit gar nicht bemerkt, da in der Gegenwart keine Zeit vergangen ist. Timo und Leonie verstehen sich jetzt blendend und recherchieren im Internet Informationen zur Steinzeit.

Das Buch im Unterricht

Gesprächs- und Schreibanlässe

Das Verhältnis von Timo zu seiner Stiefschwester verbessert sich im Lauf ihres gemeinsamen Abenteuers.
* Hast du auch schon einmal erlebt, dass jemand, den du anfangs nicht so sehr mochtest, dein Freund geworden ist? Erzähle davon.

Im Internet finden die beiden Kinder viele Informationen über die Steinzeit.
* Benutzt du das Internet? Wozu?
* Welche Gefahren birgt das Surfen im Internet?

Hinweise zu den Kopiervorlagen

KV Seite 43

Höhlenmalerei
Lassen Sie die Schüler nach der Lektüre des Textes in Lexika oder Sachbüchern ein Bild eines der erwähnten Tiere suchen, das sie im Anschluss malen (Aufgabe 2). Sie können zunächst das Motiv mit Kohle auf einem Zeichenblock skizzieren. Gelungene Entwürfe werden dann mit Holzkohle z. B. auf einen entsprechend großen Stein übertragen. Wie sie die Farben für die anschließende Ausarbeitung herstellen, haben sie auf der KV „Naturfarben herstellen" (S. 40) gelernt.

Einen besonderen Einblick in die Höhlenmalerei gewährt Werner Herzogs Film „Die Höhle der vergessenen Träume". Gezeigt werden hier Bilder aus der Höhle von Chauvet in Frankreich. Davon können sich die Kinder bei der Auswahl ihrer Motive ebenfalls inspirieren lassen.

KV Seite 44

Timo und Leonie
Anhand dieser Kopiervorlage können die Schüler am Ende der Lektüre noch einmal die Entwicklung der Beziehung zwischen den beiden Hauptfiguren nachvollziehen. Die angeführten Textstellen zeigen, wie

sich nach und nach ein Vertrauensverhältnis zwischen den beiden ausbildet. Die Schüler können die Zitate durch weitere passende Textstellen ergänzen.

Beispiellösung
1. Timo ist verärgert, weil er hört, dass Leonie ihn als lästig empfindet. Daher überlegt er, wie er ihr den Spaß verderben kann.
2. Timo ist froh, dass Leonie bei ihm ist, denn er hat Angst.
3. Timo ist erleichtert, dass er keinen Bären, sondern Leonie vor sich hat. Er bemüht sich sehr, seine Angst vor ihr zu verbergen. Er will vor ihr nicht ängstlich, sondern überlegen wirken. An seinen Körperreaktionen erkennt man aber, dass er sehr viel Angst hatte (Herzklopfen, aufkommende Tränen).
4. Timo ist verzweifelt vor Angst und Einsamkeit. Daher ist er froh, dass Leonie bei ihm ist. Er gesteht sich aber nicht ein, dass er sie jetzt wirklich braucht.
5. Timo und Leonie brauchen einander, um nicht so viel Angst zu haben. Aber das wollen sie sich gegenseitig nicht zeigen. Keiner will sich vor dem anderen eine Blöße geben. Die Anforderungen, die der Aufenthalt in der Steinzeit an sie stellt, macht sie immer mehr zu Verbündeten. Sie erkennen, dass sie die Situation nur gemeinsam bewältigen können.
6. Vor den Steinzeitmenschen, die sie beide für ihr Unglück verantwortlich machen, werden sie noch mehr zu Verbündeten. Die Erwiderung von Leonies Händedruck zeigt, dass sie jetzt zusammengehören und füreinander da sind. Timo gesteht sich ein, dass er Leonie braucht.
7. Timo und Leonie sind inzwischen gern zusammen. Zusammen haben sie auch weniger Angst.
8. Anfangs hat sich Timo per SMS bei seiner Mutter über Leonie beschwert. Am Ende des Abenteuers zeigt sich, dass aus der Feindschaft eine Freundschaft geworden ist. Das gemeinsame Erlebnis und auch ihr Geheimnis schweißen die beiden zusammen.

Weiterführende Anregungen
* Abschließend können die Schüler noch einmal zusammenfassen, welche Erlebnisse für Timo und Leonie in der Steinzeit schön und welche beängstigend waren.
* Lenken Sie die Aufmerksamkeit der Schüler auf die Mimik und Gestik der Figuren im Text: Timo und Leonie verstehen die Sprache der Steinzeitmenschen nur, wenn sie die Mammutfigur in der Hand halten. Tun sie das nicht, müssen sie aus deren Körper- und Gesichtsausdruck lesen. Auch der Tonfall transportiert Gefühle. Ausgehend davon können Sie fragen, wie man sich

fühlt, wenn man spürt, dass andere in einer fremden Sprache über einen reden.

- Thema „Zeitreise": Timo und Leonie stellen fest, dass sie nach ihrer Rückkehr in die Gegenwart ihre Armbanduhren nicht mehr besitzen. Die Schüler überlegen, warum das für die Geschichte wichtig ist.

Kreuzworträtsel

KV Seite 45

Anhand des Kreuzworträtsels wird geprüft, ob die Schüler die Lektüre aufmerksam gelesen haben. Sie können für die Lösung der Aufgabe auch im Buch blättern.

Lösung

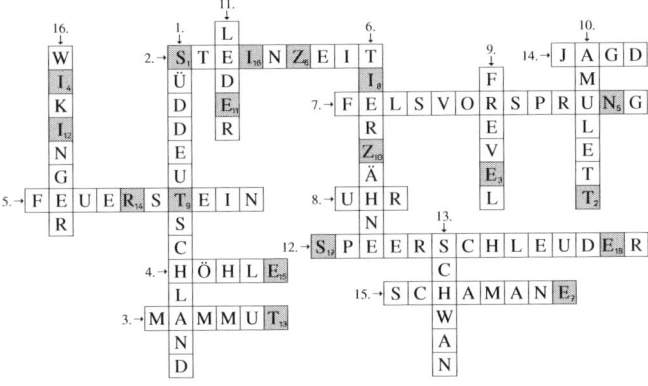

Lösung: STEINZEITZEITREISE

Meine Meinung zum Buch

KV Seite 46

Kopieren Sie das Arbeitsblatt auf hellgraues Papier. Die Schüler schreiben darauf ihre Meinung zum Buch, schneiden ihren „Stein" aus und befestigen ihn mit einer Wäscheklammer an einer Schnur, die im Klassenzimmer aufgehängt wird. Die ausgefüllten „Steine" können als Grundlage für eine Diskussion im Gesprächskreis dienen.

Nach der Lektüre

Im Nachwort erfahren die Schüler, dass der Roman teils auf wissenschaftlich gesicherten Fakten und Funden und teils auf Interpretationen der Autorin beruht. Über manches können auch Archäologen nur spekulieren.

Gesprächs- und Schreibanlässe

Die Autorin hat wissenschaftliche Erkenntnisse und fantastische Elemente in ihrem Roman miteinander verbunden.

- Warum hat die Autorin ein Nachwort geschrieben?
- Hast du schon einmal einen historischen Roman gelesen? Welchen? War dir dabei klar, was an der Geschichte wahr und was erfunden war?
- Warum vermischen Autoren in ihren Büchern oft Wahres und Erfundenes?

Hinweise zu den Kopiervorlagen

Steinzeitquiz

KV Seite 47

Das Quiz kann nach der abschließenden Lektüre des Nachworts zur Wiederholung des Themenkreises verwendet werden. Das Lösungswort dient der Selbstkontrolle.

Lösung

1. Sie waren Jäger und Sammler. (W)
2. Um Kochsteine zu erhitzen. (I)
3. Aus Leder, Rinde. (S)
4. Aus Leder und Pelz. (E)
5. Sie schnitten oder stachen Löcher ins Leder. Als Faden dienten z. B. Tiersehnen. (N)
6. Tiere. (T)
7. Ja. Sie trugen z. B. Ketten mit Tierzähnen und nähten Perlen aus Mammutelfenbei auf ihre Kleidung. (J)
8. In Zelten aus Fell- oder Lederplanen und Holzstangen. (A)
9. Speer. (G)
10. Reste von Steinwerkzeugen. (D)

Lösung: WISENTJAGD

Stein(zeit)spiele

KV Seite 48

Man weiß heute nicht, was die Kinder in der Steinzeit gespielt haben. Vermutlich haben sie unter anderem mit Steinen gespielt. Die Stein(zeit)spiele regen zum Spielen im Freien an. Lassen Sie die Schüler in Gruppen jeweils ein Spiel ausprobieren. Dazu können Sie die Spiele ausschneiden und die Kärtchen an die einzelnen Gruppen verteilen. Die Gruppen erklären sich die Spiele anschließend gegenseitig, weisen auf etwaige Probleme hin und spielen dann das Spiel der jeweils anderen Gruppe.

Abschließend können die Schüler selbst Spiele mit Steinen oder anderen Naturmaterialien erfinden und sich gegenseitig erklären.

Name:

 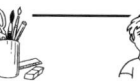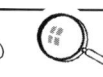
Wer hat sich das ausgedacht?

 Lies den Text über die Frau, die das Buch über die Zeitreise in die Steinzeit geschrieben hat.

Ich heiße Gabriele Beyerlein und bin seit über dreißig Jahren Schriftstellerin. Geboren wurde ich 1949 in Bayern. In meiner Kindheit gab es bei uns zu Hause weder Fernsehen noch Radio – ich hatte viel Zeit zum Lesen. Und ich erfand dauernd Geschichten. Manchmal dachte ich: Wenn ich groß bin, schreibe ich sie auf. Aber ich glaubte nicht wirklich daran. Nach dem Abitur studierte ich Psychologie und arbeitete danach rund sieben Jahre an der Universität in Erlangen. Damals interessierte ich mich nur noch für die Wissenschaft.

Aber dann bekam ich Kinder und die wollten Geschichten von mir hören – am liebsten solche, die ich selbst für sie erfand. Also fing ich an zu erzählen. Einmal schrieb ich als Weihnachtsgeschenk für meine Kinder eine Geschichte auf. Dabei merkte ich, dass es mich glücklich macht, eine Erzählung zu schreiben, und dass es etwas ganz Besonderes für mich ist. So entstand der Wunsch in mir, diese Arbeit zu meinem Beruf zu machen.

Die Idee zu meinem ersten veröffentlichten Kinderbuch, das in der Vergangenheit spielt, kam mir bei einem Spaziergang mit meiner kleinen Tochter. Seither habe ich mehr als dreißig Bücher geschrieben. Viele von ihnen führen in die Vergangenheit. Bevor ich ein solches Buch schreiben kann, muss ich viel lernen und das finde ich richtig spannend. Ich lese sehr viele Fachbücher, ich fahre dorthin, wo die Handlung spielen soll, ich besuche Museen und rede mit Fachleuten. Irgendwann ist es dann so weit, dass die Geschichte in mir entsteht und ich ganz in sie eintauche – als würde ich sie wirklich erleben.

 Bist du auch schon einmal beim Lesen einer Geschichte in eine andere Welt eingetaucht? Erzähle davon.

Familienbande

 Erzähle, was du über die einzelnen Familien erfährst.

Familie Ernst

Stefan Ernst (Vater),
46 Jahre

Melanie Ernst (Mutter),
43 Jahre

Amelie Ernst (Tochter),
16 Jahre

Waldi (Hund)

Familie Bauer

Tamara Bauer (Mutter),
30 Jahre

Kevin Bauer (Sohn),
8 Jahre

Familie Geier

Ewald Geier (Vater),
42 Jahre

Marita Geier (Mutter),
43 Jahre

Moritz Geier
(Adoptivkind),
9 Jahre

Familie Hofmann

Robert Hofmann (Vater),
40 Jahre

Steffi Hofmann (Tochter),
10 Jahre

Leo Hofmann (Sohn),
8 Jahre

Jasmin Müller
(Freundin des Vaters),
30 Jahre

Clara Müller (Tochter der
Freundin des Vaters),
5 Jahre

Familie Werner

Lars Werner (Vater),
45 Jahre

Mareike Werner (Mutter),
41 Jahre

Elfriede Werner (Oma),
70 Jahre

Sabine Werner (Tochter),
17 Jahre

Malte Werner (Sohn),
15 Jahre

Thomas Werner (Sohn),
13 Jahre

 Was erfährst du im Buch über Timos Familiensituation?
Zeichne das Familienhaus von Timos Vater auf ein neues Blatt.

Name: _____

Meine Familie

 Male ein Bild von deiner Familie.

 Erzähle, wie du in deiner Familie lebst. Die folgenden Fragen helfen dir dabei.

Wer lebt in der Familie?

Wird gemeinsam gegessen?

Welche Aktivitäten unternehmt ihr gemeinsam?

Was gibt es oft zum Mittag- oder Abendessen?

Wie verbringen die Familienmitglieder ihre Freizeit?

Wie sieht die Aufgabenverteilung im Haushalt aus?

Welche Schulen besuchen die Familienmitglieder?

Wer geht zur Arbeit, wer ist meistens zu Hause?

Wo wohnt deine Familie?

Welche Spiele werden gespielt?

 Wähle mindestens einen der unten genannten Satzanfänge aus und setze ihn in deinem Heft fort.

Ich wünsche mir für meine Familie ...
Mama ist glücklich, wenn ...
Papa ist glücklich, wenn ...

Ich bin traurig/glücklich, wenn ...
Eine Familie ohne Kinder ...
Am wichtigsten ist mir, dass ...

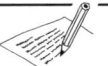
Mammut & Co.

 Lies den Text.

Timo und Leonie sehen auf ihrer Suche nach Menschen einige Mammuts, genauer Wollhaarmammuts. Ihr langes Fell und eine dicke Fettschicht schützten diese Tiere gegen die Kälte. Sie konnten über 3 m groß und 5 bis 6 t schwer werden. Ihre Stoßzähne waren im Durchschnitt 2,50 m lang. Damit waren sie die größten Tiere der Eiszeit. Die Steinzeitmenschen jagten vermutlich keine ausgewachsenen Mammuts, sondern vorwiegend Rentiere, Wisents, Wildpferde oder Moschusochsen. Sie waren wichtige Rohstoff- und Nahrungslieferanten.

 War ein Tier erlegt, verwerteten es die Menschen vollständig. Überlege, wofür sie die einzelnen Bestandteile verwendeten. Schreibe auf.

Geweih, Hörner oder Stoßzähne: _____

Zähne: _____

Fleisch und Innereien: _____

Fell: _____

Knochen: _____

Magen und Blase: _____

Sehnen und Darm: _____

 Warum haben die Steinzeitmenschen ihre Beutetiere vollständig verwertet? Überlegt und sprecht in der Klasse darüber.

Steinzeitlandschaft

 **Lies den Text.**

Die Höhle, in der Leonie die Mammutfigur findet, liegt in Süddeutschland, im Gebiet der Schwäbischen Alb. Dort gibt es noch heute viele Höhlen. Immer wieder werden in ihnen und in ihrer Nähe Funde aus der Steinzeit gemacht.

Die Albhochfläche war in der Jüngeren Altsteinzeit mit endloser Steppe bedeckt. Es wuchsen vor allem Gräser, Moose, Flechten, Kräuter und kleine Sträucher. Die steilen Berghänge waren weitgehend kahl. Kleine Wälder gab es bloß in geschützten Lagen in den Flusstälern. In diesen drei Lebensräumen, Hochfläche, Felshang und Talaue, lebten bestimmte Tierarten: Wildpferd, Wisent und Moschusochse in der Hochfläche, Steinböcke, Gämsen und Murmeltiere an den Felshängen, Rehe, Rentiere und Mammuts in den geschützten Tallagen. Im Tal konnte sich die Wärme der Sonne auf Schotterflächen länger halten. Dort wuchsen zum Beispiel Beeren und Nüsse. In den Wäldchen konnten die Menschen jagen und Holz für Waffen, Werkzeuge und ihre Feuerstellen finden. Flüsse und Bäche versorgten Mensch und Tier mit Wasser.

 **Was sehen Leonie und Timo in der Steinzeit? Kreuze an.**

☐ Fabrikschlote   ☐ Hochspannungsmasten   ☐ Felder

☐ Sträucher   ☐ Palmen   ☐ Gärten

☐ Hecken   ☐ Wohnhaus   ☐ Zelte

☐ Schutt und Geröll   ☐ Dorf   ☐ Fluss

Lies noch einmal die Seiten 18 und 19. Zeichne die steinzeitliche Landschaft, die Timo und Leonie sehen, auf ein neues Blatt. Du kannst auch Naturmaterialien wie Moos oder Flechten aufkleben.

Wasser – Überlebensstoff für alle

 Lies den folgenden Text.

_____

_____

Die Menschen in der Steinzeit brauchten genau wie wir heute Wasser zum Leben. Denn der menschliche Körper besteht zu einem sehr großen Teil aus Wasser. Deshalb muss man je nach körperlicher Anstrengung und herrschendem Klima zwei bis sechs Liter pro Tag trinken. Man verdurstet, wenn man nur zwei bis vier Tage keine Flüssigkeit oder keine wasserhaltigen Speisen zu sich nimmt.

_____

_____

In der Altsteinzeit tranken die Menschen überwiegend Wasser und vermutlich auch Kräutertee. Da sie täglich Wasser benötigten, wählten diese Menschen ihre Lagerplätze so, dass ein Gewässer einigermaßen gut für sie erreichbar war.

_____

_____

Damals konnte man das Wasser aus Bächen oder Flüssen trinken. Es war viel sauberer als heute, weil es nicht durch Chemikalien aus der Landwirtschaft oder durch Abwässer aus der Industrie, den Haushalten und dem Straßenverkehr verschmutzt wurde. Heute wird in Deutschland fast das gesamte Abwasser in Kläranlagen gereinigt, ehe man es wieder in Bäche und Flüsse leitet und damit in den Wasserkreislauf zurückgibt. Trotzdem darf man das Wasser in der Natur nicht trinken: Man könnte davon krank werden. Anders ist es hierzulande mit unserem Trinkwasser aus dem Wasserhahn. Es wird in den Wasserwerken bestens aufbereitet und laufend streng geprüft.

Dennoch solltest du beachten: 1. Trinke nur Wasser aus dem Kaltwasserhahn. Stelle bei einem Hahn, der für kaltes und warmes Wasser ist, den Hebel auf blau (= kalt). 2. Lass immer erst Wasser aus dem Hahn ablaufen, bevor du davon trinkst. Versichere dich, dass es kühl geworden ist. 3. Der Wasserhahn selbst kann verschmutzt sein. Trinke daher an Waschbecken in öffentlichen Toilettenanlagen vorsichtshalber kein Wasser aus dem Hahn.

_____

_____

Die Wassermenge auf der Erde ist seit der Steinzeit gleich geblieben, aber die Zahl der Menschen, die davon leben müssen, ist sehr stark gestiegen. Deutschland ist ein wasserreiches Land. In anderen Ländern gibt es zu wenig Wasser. Wenn wir bei uns sparsamer damit umgehen, haben dadurch jedoch zum Beispiel die Menschen in Afrika nicht mehr Wasser zur Verfügung.

 Finde für jeden Absatz eine Überschrift.

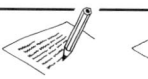 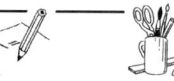  
Trinkwassernutzung in Deutschland

 Berechne die durchschnittliche Wassernutzung einer Person im Haushalt pro Tag.

5 l für Trinken, Essen

8 l zum Geschirrspülen

8 l zum Putzen, Autowaschen, für den Garten

46 l für Duschen, Baden, Körperpflege

15 l zum Wäschewaschen

34 l für die Toilettenspülung

11 l durchschnittlich für kleine Betriebe
im Haushaltsbereich

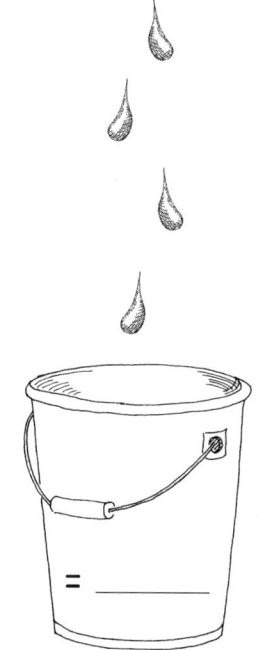

= _____

Die Menschen in der Altsteinzeit waren Jäger und Sammler. Sie haben ihre Lebensmittel nicht angebaut, sondern in der Natur gesammelt, und gejagt. Heute benötigen wir für den Anbau unserer Lebensmittel viel Wasser, für die Produktion von Fleisch noch viel mehr.

 Wofür haben die Menschen in der Steinzeit Wasser verwendet? Was fällt dir auf, wenn du die Wasserverwendung damals und heute vergleichst? Schreibe auf.

_____

_____

 Wofür verwendest du jeden Tag Wasser? Wo kannst oder solltest du sparen? Schreibe auf.

_____

_____

Feuer

 Lies den Text.

Schon unsere ältesten Vorfahren haben die Gefahren und Vorteile des Feuers kennengelernt. Sie bemerkten, dass es wärmt und dass das Fleisch von Tieren durch das Braten oder Grillen über dem Feuer schmackhafter wird. Vor etwa 350 000 Jahren brachten die Frühmenschen in Mitteleuropa natürlich entstandene Glut in ihr Lager und bewahrten sie auf. Sie nutzten das Licht des Feuers auch, um zu arbeiten oder Tiere zu vertreiben.

In der Mittleren und Jüngeren Altsteinzeit lernten der Neandertaler und der moderne Mensch, Feuer selbst zu machen.

 Ordne die Textteile den Bilder zu. Ergänze die richtigen Nummern.

1.

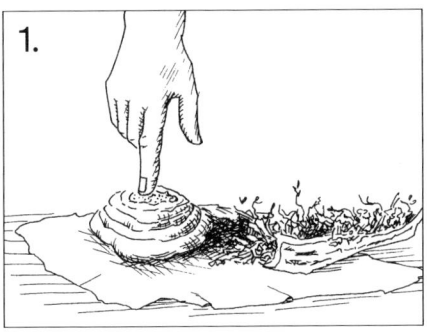

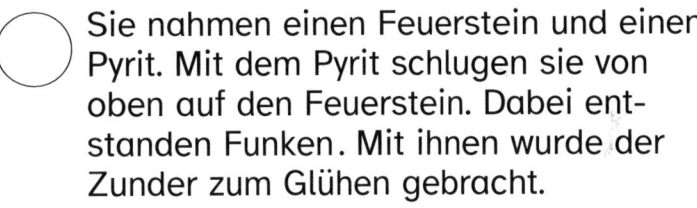

◯ Sie nahmen einen Feuerstein und einen Pyrit. Mit dem Pyrit schlugen sie von oben auf den Feuerstein. Dabei entstanden Funken. Mit ihnen wurde der Zunder zum Glühen gebracht.

2.

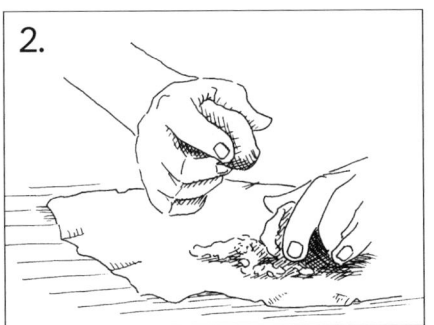

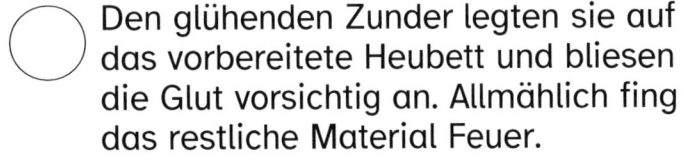

◯ Den glühenden Zunder legten sie auf das vorbereitete Heubett und bliesen die Glut vorsichtig an. Allmählich fing das restliche Material Feuer.

3.

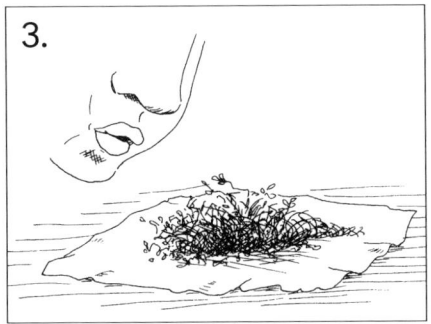

◯ Die Menschen brauchten trockenes Brennmaterial. Es bestand aus dem Zunderschwamm, einem Baumpilz, sowie getrocknetem Gras oder Pflanzenfasern. Sie zupften es klein und betteten es auf ein Stück Leder.

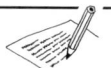 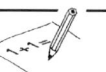  
Tiere in der Steinzeit

 In der Steinzeit lebten viele verschiedene Tiere, die heute ausgestorben sind. Erstelle für jedes Tier einen Steckbrief mit den Kategorien: Tier, Aussehen, Nahrung, Grund für Aussterben.

Der Höhlenbär ist eine schon lange ausgestorbene Bärenart, die ausschließlich in Europa vorkam. Er hatte eine Schulterhöhe von ca. 1,60 m (aufrecht stehend ca. 3 m) und konnte bis zu 1 t wiegen. Höhlenbär heißt er, weil Archäologen Knochenreste dieser Tiere vor allem in Höhlen gefunden haben. Die Bären hielten dort nämlich ihren Winterschlaf. Wenn ältere, kranke, schwache oder neugeborene Tiere in dieser Zeit starben, blieben ihre Knochen in den Höhlen zurück.

Die Höhlenbären hatten sehr kräftige Kiefer und ernährten sich vorwiegend von Gras, Kräutern, Beeren und anderen Früchten. Kleinere Tiere jagten sie nur selten. Neben dem Höhlenbären lebten während der letzten Eiszeit noch weitere Bärenarten in Europa. Die größeren Arten, wie der Höhlenbär, die körperlich an das Leben in der Mammutsteppe angepasst waren, starben mit dem Klimawandel vor rund 25 000 Jahren aus. Der Braunbär lebte weiter in Europa, wurde dann aber vom Menschen „verjagt".

Das Wollnashorn lebte in Europa und Asien. Es erreichte eine Schulterhöhe von 2 m. Es ernährte sich überwiegend von Gras. Ein dichtes, braunes Fell schützte es vor den niedrigen Temperaturen der Eiszeit. Es lebte als Einzelgänger oder in kleinen Gruppen. Man nimmt an, dass es wie das heutige afrikanische Nashorn extrem kurzsichtig war, dafür aber über einen besonders guten Geruchssinn verfügte. Aufgrund seines schlechten Sehvermögens war das Wollnashorn vermutlich schreckhaft und aggressiv. Vor rund 10 000 Jahren starben diese Tiere aus, wahrscheinlich wegen der zunehmenden Klimaerwärmung und dem damit verbundenen Verschwinden ihrer Lebensräume.

Die Säbelzahnkatze lebte in Europa und starb in der Jüngeren Altsteinzeit aus. Sie hatte eine Schulterhöhe von 70 bis 90 cm. Auffallend waren ihre Reißzähne, die bis zu 20 cm lang werden konnten. Ihre Opfer waren vorwiegend die großen Pflanzenfresser der offenen Steppen. Wie die heutigen Löwen lebten und jagten Säbelzahnkatzen im Rudel. Die großen Säbelzähne konnten leicht abbrechen. Daher fraßen die Tiere lediglich die weichen Fleischteile, während sie den Rest ihrer Nahrung für Aasfresser zurückließen. Diese relativ verschwenderische Ernährungsweise dürfte ein Grund für ihr Aussterben gewesen sein.

Name: _____

 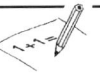  
Was ist Archäologie?

 Lies das Interview, das Timo mit einem Archäologen geführt hat.

Timo: Was bedeutet das Wort Archäologie?

A.: Es kommt aus dem Griechischen und bedeutet Altertumskunde. Wir Archäologen beschäftigen uns mit der Vergangenheit und Entwicklung des Menschen und seiner Kultur. Wir suchen Spuren, die Menschen hinterlassen haben, lesen und deuten sie.

Timo: Woher wissen Sie, wo Sie suchen müssen?

A.: Oft stößt jemand zufällig darauf. Manchmal sind es Bauern beim Umgraben ihres Ackers, Kinder beim Buddeln in der Erde oder Wissenschaftler beim Untersuchen einer Höhle.

Timo: Was haben Sie selbst schon gefunden?

A.: Bei unseren Ausgrabungen stoßen wir häufig auf Werkzeuge, Jagdwaffen und Schmuck. Sie liefern uns wichtige Informationen über den Alltag und das Leben der Menschen, über die Tiere, die sie jagten und ihre Umwelt.

Timo: Wieso findet man heute nach so langer Zeit noch Gegenstände, zum Beispiel aus der Altsteinzeit? Und warum in der Erde?

A.: Die Menschen lebten damals in Gruppen zusammen. Sie hatten keinen festen Wohnsitz, sondern sie schlugen ihr Lager immer dort auf, wo es gerade für die Jagd oder das Sammeln von Nahrung besonders günstig war. Nach einigen Wochen zogen sie dann weiter. Im Laufe der Zeit überwucherten Pflanzen einen solchen Lagerplatz und der Wind führte Erde mit, die ihn überzog. Und heute können wir Archäologen diese Reste aus der Erde ausgraben. Wir finden Abfälle und Gegenstände aus Knochen, Stein, Geweih oder Elfenbein, die die Menschen zurückließen. Wir finden aber keine Dinge, die aus Fell, Leder, Holz oder Pflanzenfasern hergestellt waren, wie Kleidung, Fellplanen, Körbe oder Schnüre. Sie sind im Boden zu Erde zerfallen und nicht mehr erkennbar.

Timo: Was sollte man tun, wenn man einen merkwürdigen Gegenstand in der Erde findet?

A.: Man informiert am besten sofort ein Museum oder einen Archäologen darüber, damit der Fund erfasst und ausgewertet werden kann. Denn nur Forscher haben die entsprechenden Geräte und Werkzeuge dafür.

 Welche Frage würdest du dem Archäologen gerne stellen? Schreibe auf ein neues Blatt.

Erosion

Ihr braucht:

- 2 Holzkisten
- Folie
- Karton
- Gartenboden, nicht bepflanzt
- Waldboden mit Pflanzenbewuchs
- 2 Messbecher
- 2 Siebe
- 4 l Wasser in einer Gießkanne

So geht's:

Arbeitet in Gruppen.

1. Legt die beiden Kisten mit Folie aus. Spaltet die Vorderseite der Kisten in der Mitte, damit sich eine Öffnung für die Rinne ergibt. Formt aus Karton eine Rinne und legt auch diese mit Folie aus, damit sie später nicht durchweicht.

2. Füllt die eine Kiste bis zum Rand mit Erde. Legt die andere Kiste bis zum Rand mit Waldboden aus, der mit Pflanzen bewachsen ist (z.B. mit Waldblumen und Gras).

3. Stellt nun beide Kisten im gleichen Winkel schräg auf, sodass der Abfluss der Rinne nach unten zeigt. Stellt ans Ende jeder Rinne einen Messbecher, auf den ihr ein Sieb legt.

4. Jetzt lasst ihr es mit je 2 l Wasser auf beide Kisten regnen. Das Wasser wird im Messbecher aufgefangen.

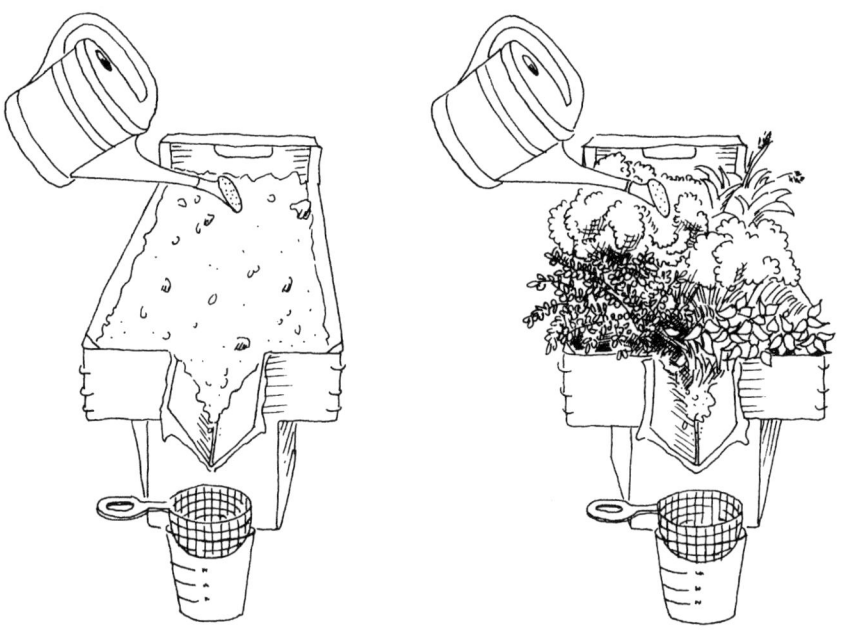

 Versuche nun das Versuchsergebnis zu erklären.

_____

_____

_____

Was wäre, wenn ...?

Timo hätte sich beinahe ein Bein gebrochen. Zum Glück ist nichts passiert. Aber er fragt sich, was gewesen wäre, wenn ...

 Lies die folgenden Fragen und versuche sie zu beantworten. Schreibe deine Vermutung auf und begründe sie.

a) Was wäre passiert, wenn Timo sich beim Abstieg das Bein gebrochen hätte?

Vermutung: _____

Begründung: _____

b) Was wäre passiert, wenn das Wollnashorn ihn gesehen hätte?

Vermutung: _____

Begründung: _____

c) Was wäre passiert, wenn die beiden Kinder beim Gewitter auf dem Felsen geblieben wären?

Vermutung: _____

Begründung: _____

d) Was wäre passiert, wenn Leonie die roten Beeren probiert hätte?

Vermutung: _____

Begründung: _____

e) Was wäre passiert, wenn die beiden Elternteile Leonie und Timo gefragt hätten, ob Timos Papa bei Caro einziehen kann?

Vermutung: _____

Begründung: _____

 Überlege dir fünf „Was wäre, wenn ...“-Sätze, die mit dir zu tun haben. Schreibe dazu jeweils die Vermutung und die Begründung in dein Heft.

Name:

  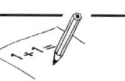 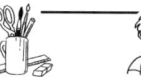 
Blitz und Donner

 Lies den Informationstext. Er verrät dir, wie du herausfindest, wie weit ein Gewitter von dir entfernt ist.

Zu jedem Blitz gehört ein Donner. Zähle die Sekunden, die zwischen Blitz und Donner vergehen. Multipliziere sie mit 333 und du erhältst die ungefähre Entfernung des Gewitters in Metern. Wiederhole den Vorgang nach ein paar Minuten. So kannst du herausfinden, ob das Gewitter sich nähert oder abzieht. Kannst du keinen Donner hören, ist das Gewitter so weit von dir entfernt, dass es keine Gefahr bedeutet.

 Es blitzt, und Timo kann gerade bis drei zählen, dann donnert es. Wie weit ist das Gewitter von ihm und Leonie noch entfernt? Rechne.

 Nach einiger Zeit zählt Timo sieben Sekunden zwischen Blitz und Donner. Rechne aus, wie weit das Gewitter jetzt entfernt ist. Erkläre, ob es abzieht oder näher kommt.

 Haben sich die Kinder beim Gewitter richtig verhalten? Lies die Regeln und begründe.

Wenn du bei Gewitter im Freien keinen Schutz in einem Gebäude oder Fahrzeug finden kannst, gelten folgende Regeln:
1. Meide offenes Gelände, Hügel und Höhenzüge.
2. Halte Abstand von Gewässern.
3. Meide die Nähe von Bäumen und hohen Gebäuden.
4. Suche keinen Schutz in Bodenvertiefungen oder Erdmulden.
5. Lege dich nicht auf den Boden, sondern versuche, möglichst wenig Kontakt zum Boden zu haben. Stelle dafür die Füße zusammen und gehe in die Hocke. Halte die Arme am Körper und ziehe den Kopf ein.

Kleidung in der Steinzeit

 Urma und Firi tragen andere Kleidung als wir heute. Lies im Buch auf den Seiten 47 und 48 nach und male die beiden so in die Rahmen, wie sie dort beschrieben werden.

Urma	Firi

 Aus welchen Materialien waren die Kleidungsstücke und der Schmuck in der Steinzeit? Male die zutreffenden Begriffe farbig an.

Baumwolle   Knochen   Jeans   Elfenbein

Plastik   Fell   Strasssteine   Tiersehnen

Glas   Leder   Tierzähne   Ton

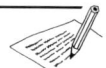 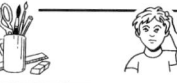
Steinzeitschmuck selbst basteln

 **Bastle dir Steinzeitschmuck, wie ihn Urma und Firi tragen könnten.**

Du brauchst:

- verschiedene natürliche Materialien, z.B. Muscheln, Schneckenhäuser, Tierzähne (kannst du von einem Förster bekommen, du kannst aber auch Milchzähne verwenden), kleine Knochen (ebenfalls einen Förster fragen), dünne Holunderzweige, Rindenstücke, Tannenzapfenschuppen, Federn
- eine Sandsteinplatte
- einen spitzen Stein
- ein dünnes Lederband oder Bast

So geht's:

1. Suche dir aus den Materialien heraus, was du für dein Schmuckstück verwenden möchtest. Du kannst damit Ketten, Armbänder oder Ohrhänger herstellen.

2. Bearbeite deine Gegenstände jeweils wie folgt:

   In Muscheln kannst du ein Loch machen, indem du sie auf einer Sandsteinplatte vorsichtig durchschleifst.

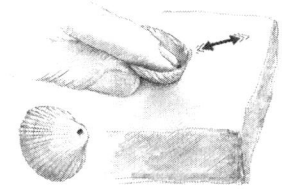

   In Schneckenhäuser kannst du mithilfe eines spitzen Steins nahe der Öffnung seitlich ein Loch einritzen.

   Um Zähne zu durchlochen, musst du sie an der Zahnwurzel mit einem spitzen Stein durchbohren. Dafür brauchst du ein wenig Geduld.

   Zeichne auf den kleinen Knochen und Holunderzweigen mit Bleistift ein, wie lange die einzelnen Teile sein sollen. Kerbe sie dann an der Markierung rundherum mit dem spitzen Stein ein. Jetzt kannst du sie leicht auseinanderbrechen. Du musst nur noch das Mark aus den Zweigen herausstoßen.
   Rindenstücke und Tannenzapfen kannst du mit einem spitzen Stein durchlochen.

3. Fädle nun die einzelnen Teile, die du vorbereitet hast, in beliebiger Menge und Reihenfolge auf das Lederband oder den Bast auf. Wenn du hinter jedes Einzelteil einen Knoten machst, verhinderst du, dass sie verrutschen. Du kannst sie zur Verzierung auch auf deine Kleidung nähen.

Wohnen in der Steinzeit

 Lies den Text. Drehe das Blatt anschließend um und erzähle deinem Partner, was du dir gemerkt hast.

Lange Zeit glaubten die Archäologen, dass die Menschen der Eiszeit in Höhlen gewohnt haben. Denn man hat vor allem in Höhlen steinzeitliche Funde wie Feuerstellen, Malereien oder auch Skelette gemacht. Deshalb nannte man sie „Höhlenmenschen".

Inzwischen weiß man, dass das nicht stimmt. Vieles von dem, was die Menschen damals in den Höhlen hinterlassen haben, konnte sich dort erhalten, weil sich der Innenraum der Höhle mit Erde und Steinen füllte und so die zurückgelassenen Dinge überdeckte. Für Jahrtausende blieben sie an derselben Stelle liegen. Diese Beobachtung machen auch Timo und Leonie. Die Funde sind unter anderem deswegen oft gut erhalten, weil sich das Klima in den Höhlen das ganze Jahr über nur wenig ändert.

Die Neandertaler nutzten die Höhlen als Unterschlupf vor Unwettern, vor Kälte und Raubtieren und zum Schlafen. Sie lebten aber auch in Zelten vor ihren Höhlen, weil es dort hell und oft wärmer war.

Die sogenannten Jetztmenschen, die Nachfolger des Neandertalers, lebten, wie es Timo und Leonie in der Geschichte erfahren, meist in kleinen Zelten zusammen, die sie aus Holz, Fell- und Lederplanen herstellten. Wenn ihre Gruppe weiterzog, um neue Jagdmöglichkeiten zu erschließen, hinterließ sie zwar auch einige Reste, aber diese konnten sich im Freien schlechter oder gar nicht erhalten. Sie waren der Verwitterung durch Wind und Wetter direkt ausgesetzt.

 In der Jungsteinzeit änderte sich das Leben der Menschen. Sie lebten jetzt in Häusern oder stabilen Hütten, begannen Pflanzen anzubauen und Vieh zu züchten. Erkläre, wie diese drei Entwicklungen zusammenhängen.

 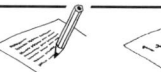
Rund ums Essen

In eurem Buch geht es immer wieder um das Thema „Essen". Auf diesem Arbeitsblatt findest du verschiedene Begriffe, die sich auf die Ernährung von Timo in der Gegenwart und auf die in der Jüngeren Altsteinzeit beziehen.

 Welche Lebensmittel, Gegenstände oder Tätigkeiten passen nicht zur Zeit von Urma und Firi? Streiche sie durch.

Forellen mit den Händen fangen

Kühlschrank

Feuer machen mit Feuerstein

Fleischwurst

Tiere jagen

Fertigpizza

Mit heißen Steinen kochen

Käse

Kräuter

Schokoriegel

Kekse

Fleisch und Fisch grillen

Schnitzel mit Ketchup

Mikrowelle

Fellkochtopf

Elektro- oder Gasofen

Schokoladenpudding

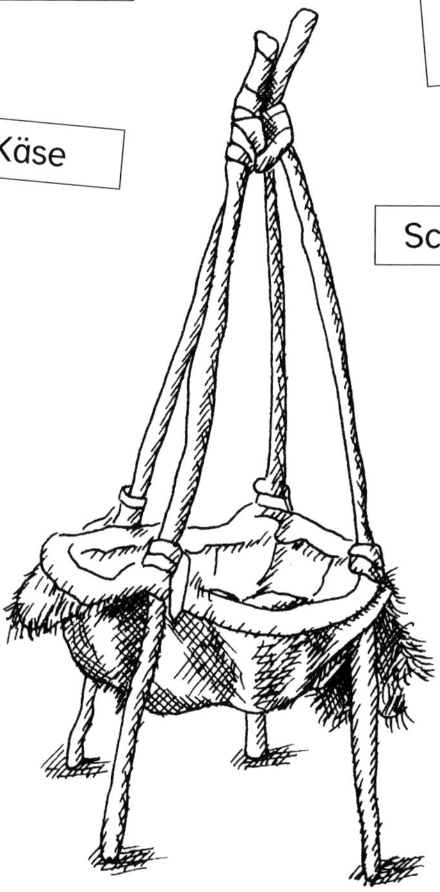

 Wie ernährt sich Timo in der Gegenwart, wie in der Steinzeit? Worin bestehen die Unterschiede? Schreibe in dein Heft.

Name:

Was ist ein Schamane?

Lies den Text und setze die richtigen Wörter ein.

Respekt Natur Gleichgewicht Gefahren

fehlendes Jagdglück Herrscher Teil Vermittler anderen Bewusst-seinszustand

Demut Naturgewalten Krankheit

Die Menschen der Steinzeit lebten in einer Welt, die voller _____

war. Um sich zu schützen, mussten sie die _____ sehr genau beob-

achten. Sie mussten über ihre Umgebung, über Pflanzen, Tiere und Gesteine

gut Bescheid wissen, auch über den Kreislauf der Natur und das Wirken der

_____. Sie fühlten sich als _____ der Natur,

nicht als _____ über sie. Ihr Umgang mit der Natur war geprägt von

_____ und _____. Man vermutet, dass sie die Tiere

verehrten und ihre Geister beschworen, weil sie glaubten, dass in der Natur

alle Lebewesen eng miteinander verbunden sind. Der Schamane war der

_____ zwischen der sichtbaren Welt der Menschen und der

unsichtbaren Welt der Geister. Wenn das _____ zwischen diesen

Bereichen gestört wurde, äußerte sich das nach dem Glauben der Menschen in

Form von Unheil. Dies konnte _____ _____

oder eine _____ sein. Der Schamane hatte dann die Aufgabe, den

Ursprung für diese Entwicklungen zu ergründen. Er versuchte Verbindung mit den

Geistern aufzunehmen, indem er tanzte, auf eine Handtrommel schlug und sich so

in einen _____ versetzte. Er rief sie um Rat,

Hilfe und Schutz an und bat auch um die Kraft, Krankheiten heilen oder in die

Zukunft sehen zu können.

 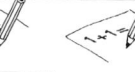  
Wie lebten Kinder in der Steinzeit?

 Timo und Leonie lernen das Leben der Steinzeitkinder Urma und Firi kennen. Was hast du dir gemerkt? Beantworte die Fragen.

1. Wo schlafen die Kinder? _____

2. Welche Aufgaben haben sie? _____

_____

3. Was essen und trinken die Kinder? _____

4. Woraus ist ihre Kleidung? _____

5. Wo wärmen sie sich? _____

6. Welche Fertigkeiten beherrschen sie? _____

_____

7. Von wem lernen die Kinder ihre Fertigkeiten? _____

_____

8. Wo leben sie? _____

9. Wie leben sie und ihre Verwandten zusammen?

_____

 Vergleiche die Lebensbedingungen eines Steinzeitkindes mit deinen eigenen. Notiere zu jeder Frage aus Aufgabe 1 in dein Heft, wie du lebst.

 Timo fehlen in der Steinzeitsprache einige Wörter. Umschreibe sie in deinem Heft: „Haus", „Buch", „Fernseher", „Schule".

Name: _____

Das Zusammenleben

 **Lies den Text.**

Timo wundert sich, dass man in der Gruppe von Urma und Firi nicht genau erkennen kann, wer zu welcher Familie gehört. Es ist bis heute nicht bekannt, wie die Menschen damals zusammenlebten. Es kann sein, dass es keine klaren Familienverhältnisse gab. Die Menschen lebten wahrscheinlich in einer Gruppe, in der man füreinander verantwortlich war und aufeinander aufpasste. Denn die Menschen konnten wegen der rauen Lebensbedingungen sicher nur als Gemeinschaft überleben, die sich gegenseitig half und größere Tiere miteinander jagte.

Ob und wie die Rollen der Gruppenmitglieder verteilt waren, kann man heute nicht mehr sagen. Es ist möglich, dass nicht nur Männer, sondern auch Frauen auf die Jagd gingen. Um die Zubereitung des Essens, um die Kleidung und die Versorgung der Kinder kümmerten sich wohl vorwiegend die Frauen. Die Älteren gaben ihr Wissen an die Jüngeren weiter. Jeder hatte je nach Alter und Fähigkeiten bestimmte Aufgaben zu übernehmen.

 **Warum lebten die Menschen in der Steinzeit in Gruppen zusammen?**

_____

_____

_____

 **Welchen Vorteil kann es heute haben, in einer Großfamilie zu leben? Überlegt gemeinsam.**

 **Wie groß ist deine Verwandtschaft? Zu welchen deiner Verwandten hast du regelmäßig Kontakt? Schreibe auf.**

_____

_____

_____

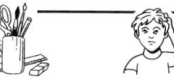
Naturfarben herstellen

 Die Steinzeitmenschen haben für ihre Körperbemalung und Höhlenmalereien Naturfarben verwendet. Hier erfährst du, wie du diese Farben herstellen kannst.

Du brauchst:

- verschiedene Erden oder Naturpigmente, wie z. B. Rötel, Ocker
- Kohle, Kreide, zerschlagene Ziegelsteine
- einen flachen Stein
- Sieb
- Milch
- Wasser
- Mehl
- Holzbrett, Gipsplatte, Steine als Untergrund

So geht's:

1. Zunächst mahlst du die Materialien mit dem flachen Stein und siebst sie. Je nachdem, welches Material du verwendest, erhältst du eine andere Farbe.
2. Danach gibst du zu dem Pulver etwas Milch. Es entsteht ein klebriger Farbbrei. Soll die Farbe fester werden, kannst du Mehl hinzufügen. Wird die Masse zu zähflüssig, gibst du noch etwas Milch oder Wasser hinzu.
3. Wenn du zum Malen einen Pinsel verwenden willst, muss die Farbe ausreichend flüssig sein. Wenn du die Farbe mit dem Finger auftragen willst, muss der Farbbrei etwas dicker sein.

 Lies nun, wie du mit diesen Farben malen kannst.

1. Überlege dir, was du malen möchtest.

2. Fertige dann eine Vorzeichnung an. Dafür kannst du einen angekohlten Ast verwenden.

3. Male die Umrisse deines Motivs auf den Untergrund. Du kannst die Linien auch vorsichtig mit einem spitzen Stein einritzen.

4. Trage nun die Farbe auf deine Vorzeichnung auf. Dafür verwendest du entweder einen Pinsel oder – wenn die Farbe zähflüssiger ist – die Finger.

Die Wisentjagd

 In diesem Text erfährst du, warum die Jagd auf einen Wisent so gefähr-
lich war. Lies.

Der Wisent war eines der schwersten und größten Landsäugetiere in Europa und gehörte der Gattung der Bisons an. Er war ein Pflanzenfresser. Er konnte bis zu 2 m lang, 1,50 m hoch und 400 bis 500 kg schwer werden. Seine Hörner und seine Größe machten ihn zu einem gefährlichen Gegner. Das dicke, zottelige, dunkelbraune Fell ließ die Tiere noch wuchtiger erscheinen, als sie sowieso schon waren. Ihr Fell war in der Steinzeit ein hervorragender Schutz gegen die winterliche Kälte.

Der Wisent hatte aufgrund seiner Größe und seiner gefährlichen Hörner nur wenige natürliche Feinde. Höhlenlöwen, Hyänen, Wölfe oder Schneeleoparden griffen lediglich verletzte und schwache Tiere an. Im Schutz der Herde waren sie jedoch ziemlich sicher. Vor Menschen hatte der Wisent wenig Angst und griff eher an, als zu fliehen. Daher sind im Roman die Jäger um Rössokaroso dankbar für Timos Speerschleuder. Sie erlaubte ihnen, aus sicherer Entfernung Jagd auf eine Herde zu machen.

Das letzte frei lebende dieser Wildrinder des europäischen Kontinents starb in den 1920er-Jahren. Doch Zoos haben es geschafft, die Art zu erhalten. Heute leben durch Auswilderung auch wieder Wisente in freier Wildbahn.

 Verfasse einen Steckbrief für den Wisent. Benutze als Vorlage den, den du zum Mammut oder den anderen Tieren bereits erstellt hast.

 Suche in Lexika oder im Internet ein Bild eines Wisents. Zeichne es in den Rahmen.

Name:

 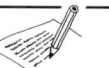

Eine wichtige Erfindung

 **Lies den Text.**

Die Speerschleuder, wie sie Timo im Buch baut, verwendete man vor über 18 000 Jahren. In der Zeit von Urma und Firi, also vor etwa 35 000 Jahren, jagten die Menschen noch mit hölzernen Speeren mit einer Spitze aus Stein, Elfenbein oder Knochen. Damit konnten sie die Tiere nur aus einer Entfernung von höchstens 15 m tödlich treffen. Mit der Speerschleuder ging dies auch aus 30 m. Und das war wichtig. Denn es gab in der Eiszeit nur wenige große Bäume. In der Steppenlandschaft wuchsen vor allem Gräser und Moose, die keine Deckung boten. Es gab also nur wenige Möglichkeiten, sich an die Tiere heranzupirschen. Deshalb war die Speerschleuder eine ganz wichtige Erfindung.

 **Warum war die Speerschleuder eine wichtige Erfindung? Schreibe auf.**

_____

_____

 **Welche Erfindung findest du besonders wichtig? Weißt du, wer sie gemacht hat und in welcher Zeit? Schreibe auf.**

_____

_____

_____

Höhlenmalerei

 Lies den Text.

Nicht nur in der Erde haben Archäologen Zeugnisse von Steinzeitmenschen gefunden, sondern auch an Höhlenwänden. Die ältesten Malereien sind über 30 000 Jahre alt. Steinzeitmalereien konnten nur in Höhlen erhalten bleiben. Wahrscheinlich haben die Menschen damals aber auch Holz und Leder bemalt.

Die Zeichnungen zeigen uns, welche Tiere damals lebten. Es gab zum Beispiel Pferde, Rinder, Steinböcke, Löwen, Hirsche und Nashörner. Menschen wurden nur sehr selten gemalt.

Die Menschen stellten ihre Farben damals unter anderem aus verschiedenen Gesteinen und Holzkohle her.

Manche Bilder wurden nicht gemalt, sondern nur in den Felsen geritzt. Bei anderen wurde der Felsuntergrund in das Bild mit einbezogen, sodass es noch lebendiger wirkte.

Die bekanntesten Höhlenmalereien wurden in den Höhlen von Altamira (in Spanien) und Lascaux (sprich: Laskó, in Frankreich) gefunden. In Deutschland sind vermutlich aufgrund des Klimas keine Malereien in Höhlen erhalten geblieben. Warum die Menschen Höhlenwände bemalt haben, ist bis heute nicht eindeutig geklärt.

 Wähle eines der im Text erwähnten Tiere aus. Informiere dich in einem Tierlexikon oder im Internet nach seinen Merkmalen. Male es mit Naturfarben.

 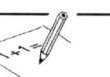  
Timo und Leonie

 Lies die folgenden Ausschnitte aus der Lektüre. Wie fühlt sich Timo in der jeweiligen Situation? Wie ändert sich seine Beziehung zu Leonie? Notiere in dein Heft.

1. Ich presse mein Ohr an das Holz. Kurz ist es still, dann spricht sie wieder: „Doch, Timo auch. Na ja, der ist nun mal hier, ich muss ihn einladen." Sie seufzt übertrieben. Ich kriege einen heißen Kopf. So ist das also. Aber der werde ich es zeigen!

(2. Kap., S. 12)

2. „Halte mich, zur Sicherheit, falls es einen Abgrund gibt!", befiehlt sie. Ich nehme ihre Hand und taste mich hinter ihr in den Gang [...]. Ehrlich gesagt bin ich ganz froh, ihre Hand zu spüren.

(4. Kap., S. 17)

3. Es ist gar kein Bär, es ist Leonie! Sie trägt irgendetwas in den Armen – und ich habe geglaubt, das wären die Pranken! Langsam stoße ich die Luft aus, versuche nicht zu heulen. „Wer denn sonst!", sage ich. „Ein Glück!", stöhnt sie auf. „Ich hatte schon Angst, da wäre ein Tier. Ein Bär oder so was!" – „Bär! Auf so einen Quatsch kannst auch nur du kommen!", erwidere ich. Mein Herz tobt noch immer wie verrückt.

(6. Kap., S. 26)

4. Mich friert so, dass ich zittere. Wir kommen nie wieder heim. Mama ... Sie ist in Hongkong und weiß von nichts. [...] Und ich, ich werde verrückt vor lauter Steinzeit. Und habe niemanden mehr. Nur Leonie. [...] Nebeneinander steigen wir den Hang hinunter. Beinahe hätte ich ihr die Hand hingestreckt. Damit sie nicht im Geröll ausrutscht zum Beispiel. Beinahe.

(8. Kap., S. 36 f.)

5. Vor Schreck halten wir uns aneinander fest. Schnell lassen wir uns wieder los [...]. Dieses Heulen macht mich ganz verrückt. Ich halte mir die Ohren zu. Jetzt höre ich mein eigenes Blut. Poch, poch, poch, klopft es, viel zu schnell. „Leonie?", frage ich. „Ja?" Keine Ahnung, was ich sagen soll. Ich will ja nur hören, dass sie da ist.

(10. Kap., S. 44)

6. Leonie drückt meine Hand. Ich drücke zurück. [...] Leonie presst meine Finger so fest, dass sich das Mammut tief in meine Handfläche bohrt. Ich wüsste nicht, was ich täte, wenn ich hier ganz alleine wäre.

(13. Kap., S. 59, 61)

7. Und wenn wir hierbleiben müssen, Leonie und ich? So schlimm finde ich den Gedanken gar nicht mehr. [...] Sie müsste natürlich auch hierbleiben. Ohne Leonie, das wäre nichts. Weil ich dann keinen Menschen hätte, der etwas von unserer heutigen Welt versteht. [...] Leonie schiebt mir das Mammut zu und hält meine Hand. Vielleicht macht sie es nicht nur, damit wir beide hören können, was der Schamane sagt.

(20. Kap., S. 99, 101)

8. „Mit Leonie? Ich denke, die ist so gemein zu dir?" – „Ach", sage ich, „passt schon!"

(24. Kap., S. 120)

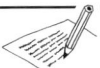    
Kreuzworträtsel

 Wenn du den Roman und das Nachwort genau gelesen hast, kannst du das Kreuzworträtsel lösen.

1. In welchem Teil Deutschlands spielt der Roman?
2. In welche Zeit geraten Timo und Leonie?
3. Welche Tierfigur findet Leonie?
4. Wo findet Leonie die Tierfigur?
5. Mit welchem Stein machen die Steinzeitmenschen Feuer?
6. Was trägt Firi an seiner Halskette?
7. Worunter suchen Timo und Leonie Schutz vor dem Unwetter?
8. Welchen Gegenstand schenkt Leonie Urma?
9. Was wird Leonie und Timo vorgeworfen?
10. Was schnitzt die Alte für die junge Mutter?
11. Aus welchem Material ist Urmas Beutel?
12. Welche spätere Erfindung bringt Timo den Menschen?
13. Von welchem Tier stammt der Knochen für die Flöte?
14. Wobei verletzt sich Firi? Auf der ...
15. Wer steht in enger Verbindung zu den Tiergeistern?
16. Welche Zeit möchten Timo und Leonie als Nächstes kennenlernen? Die Zeit der ...

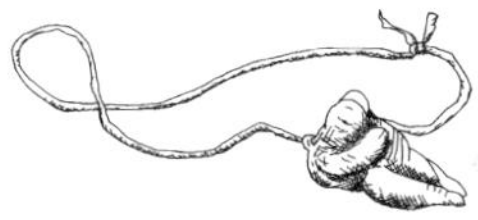

Lösung:

1	2	3	4	5	6	7	8	9	10	11	12	13	14	15	16	17	18

Name:

Meine Meinung zum Buch

Schreibe deine Meinung zum Buch.

Das wusste ich schon über die Steinzeit: _____

Das hat mir am besten an dem Buch gefallen: _____

Das hat mir nicht gefallen: _____

Das fand ich am interessantesten: _____

Das war neu für mich: _____

Das Buch ist besonders für Kinder geeignet, die _____

Das würde ich gerne noch von der Autorin wissen: _____

Name: _____

Steinzeitquiz

Beantworte die folgenden Fragen. So erhältst du das Lösungswort.

1. Wie lebten die Menschen in der Altsteinzeit?
   - ☐ Sie waren Bauern. **(S)**
   - ☐ Sie waren Jäger und Sammler. **(W)**
   - ☐ Sie waren Viehzüchter. **(A)**

2. Warum machten sie Feuer?
   - ☐ Um Kochsteine zu erhitzen. **(I)**
   - ☐ Um Dinosaurier zu braten. **(G)**
   - ☐ Um Fremde darauf zu grillen. **(E)**

3. Aus welchem Material stellten sie ihre Gefäße her?
   - ☐ Aus Leder, Rinde. **(S)**
   - ☐ Aus Ton. **(N)**
   - ☐ Aus Porzellan. **(R)**

4. Aus welchem Material fertigten die Steinzeitmenschen ihre Kleidung?
   - ☐ Aus Seidenstoffen. **(S)**
   - ☐ Aus Blättern und Ästen. **(T)**
   - ☐ Aus Leder und Pelz. **(E)**

5. Wie nähten sie ihre Kleidung?
   - ☐ Sie nähten mit der Nähmaschine. **(B)**
   - ☐ Sie arbeiteten mit einer Nadel und mit Zwirn. **(D)**
   - ☐ Sie schnitten oder stachen Löcher ins Leder. Als Faden dienten z. B. Tiersehnen. **(N)**

6. Was zeigen viele Höhlenmalereien?
   - ☐ Buchstaben. **(F)**
   - ☐ Tiere. **(T)**
   - ☐ Familienbilder. **(H)**

7. Trugen die Menschen der Altsteinzeit Schmuck?
   - ☐ Ja. Sie trugen Goldketten. **(K)**
   - ☐ Nein. Sie trugen keinen Schmuck. **(A)**
   - ☐ Ja. Sie trugen z. B. Ketten mit Tierzähnen und nähten Perlen aus Mammutelfenbein auf ihre Kleidung. **(J)**

8. Wo lebten sie?
   - ☐ In Holzhäusern. **(H)**
   - ☐ Nur in Höhlen. **(S)**
   - ☐ In Zelten aus Fell- oder Lederplanen und Holzstangen. **(A)**

9. Welche Waffe nutzten sie für die Jagd?
   - ☐ Pistole. **(A)**
   - ☐ Schwert. **(C)**
   - ☐ Speer. **(G)**

10. Was können Archäologen noch heute von den Menschen der Altsteinzeit im Boden finden?
    - ☐ Reste von Steinwerkzeugen. **(D)**
    - ☐ Schriftliche Überlieferungen. **(R)**
    - ☐ Tontöpfe. **(T)**

Lösung: __ __ __ __ __ __ __ __ __ __

Stein(zeit)spiele

 Bildet mindestens zwei Gruppen. Wählt jeweils eines der Spiele aus und spielt es. Tauscht anschließend die Spiele und erklärt sie euch gegenseitig.

✂

Steine abschießen

Schichtet auf einer ebenen Unterlage (z. B. einem glatten Holzbrett) Steine, die sich gut stapeln lassen, zu Türmen aufeinander. Einer von euch zieht eine Linie, hinter die alle Spieler treten müssen. Der Reihe nach darf jeder mit einem Stein auf einen Steinturm werfen. Für jeden getroffenen Turm gibt es Punkte. Wer die meisten Punkte hat, hat gewonnen. Tipp: Schwerer wird es, wenn ihr immer nur den obersten Stein treffen dürft.

Kieselsteine raten

Sammelt Kieselsteine und setzt euch in einen Kreis. Legt die Steine in die Mitte. Ein Kind nimmt eine Handvoll davon und die anderen müssen schätzen, wie viele Steine sich in der Hand befinden. Wer der Lösung am nächsten ist, erhält einen Punkt. Gewonnen hat, wer am Ende die meisten Punkte hat.

Wettkampf der Steine

Jeder sucht sich einen mittelgroßen Stein und kennzeichnet ihn mit einem Buchstaben oder Zeichen, damit ihr wisst, welcher Stein wem gehört. Eine Person nimmt einen größeren Stein. Dann zieht sie eine Linie, hinter die ihr alle zurücktretet. Sie wirft den großen Stein einige Meter weit. Versucht nun der Reihe nach, euren Stein so zu werfen, dass er möglichst nah an dem großen landet. Gewonnen hat der, dessen Stein am dichtesten am großen Stein liegt.

Eine Steinpyramide bauen

Sammelt zunächst flache Kieselsteine unterschiedlicher Größe, die man gut stapeln kann. Setzt euch mit euren Steinen auf den Boden. Einer von euch gibt das Startsignal, und dann wird gebaut. Nach 3 bis 4 Minuten gibt er das Stoppsignal. Dann müssen alle gleichzeitig aufhören. Zuletzt wird gezählt, wer die meisten Steine stapeln konnte. Diese Person gewinnt.